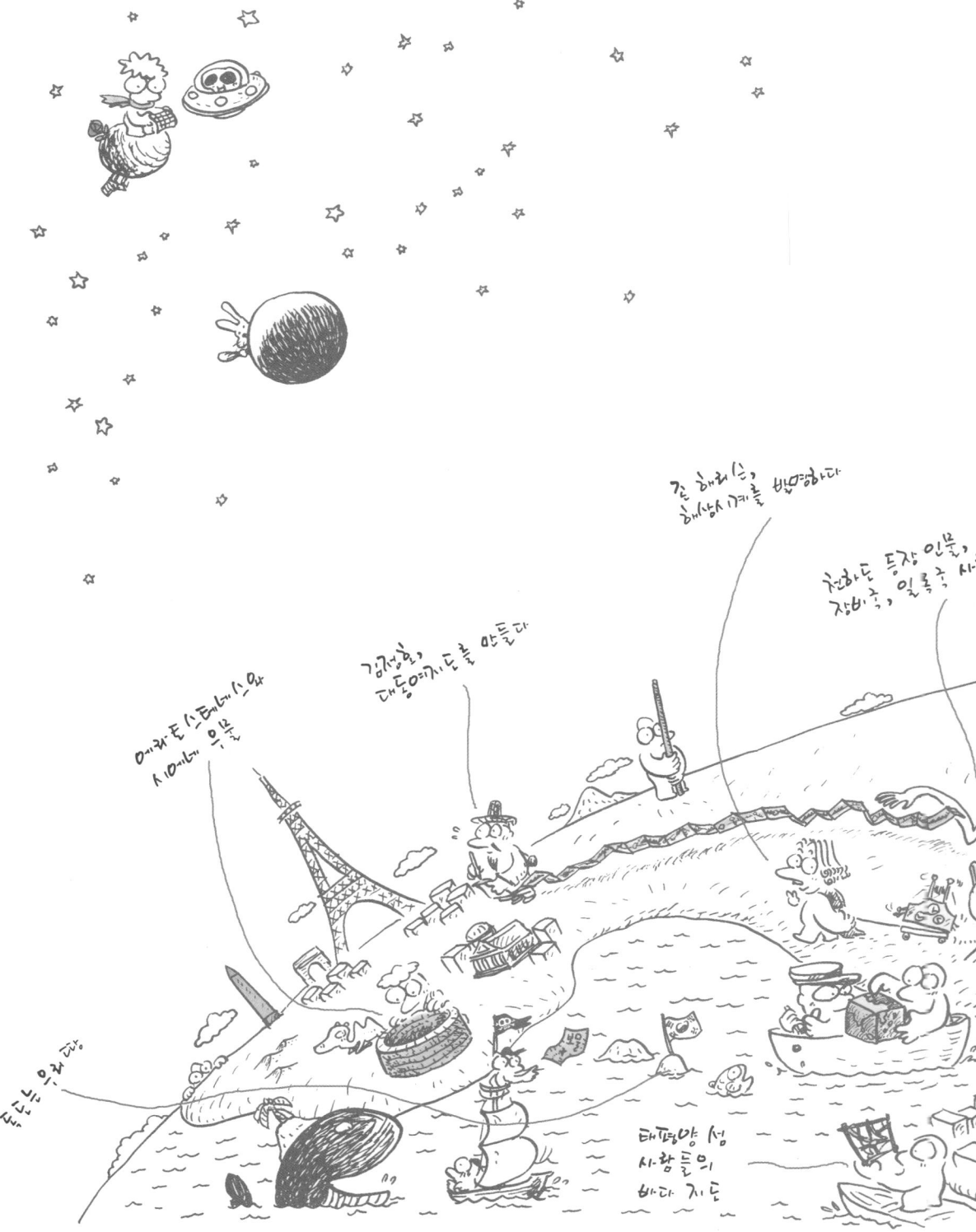

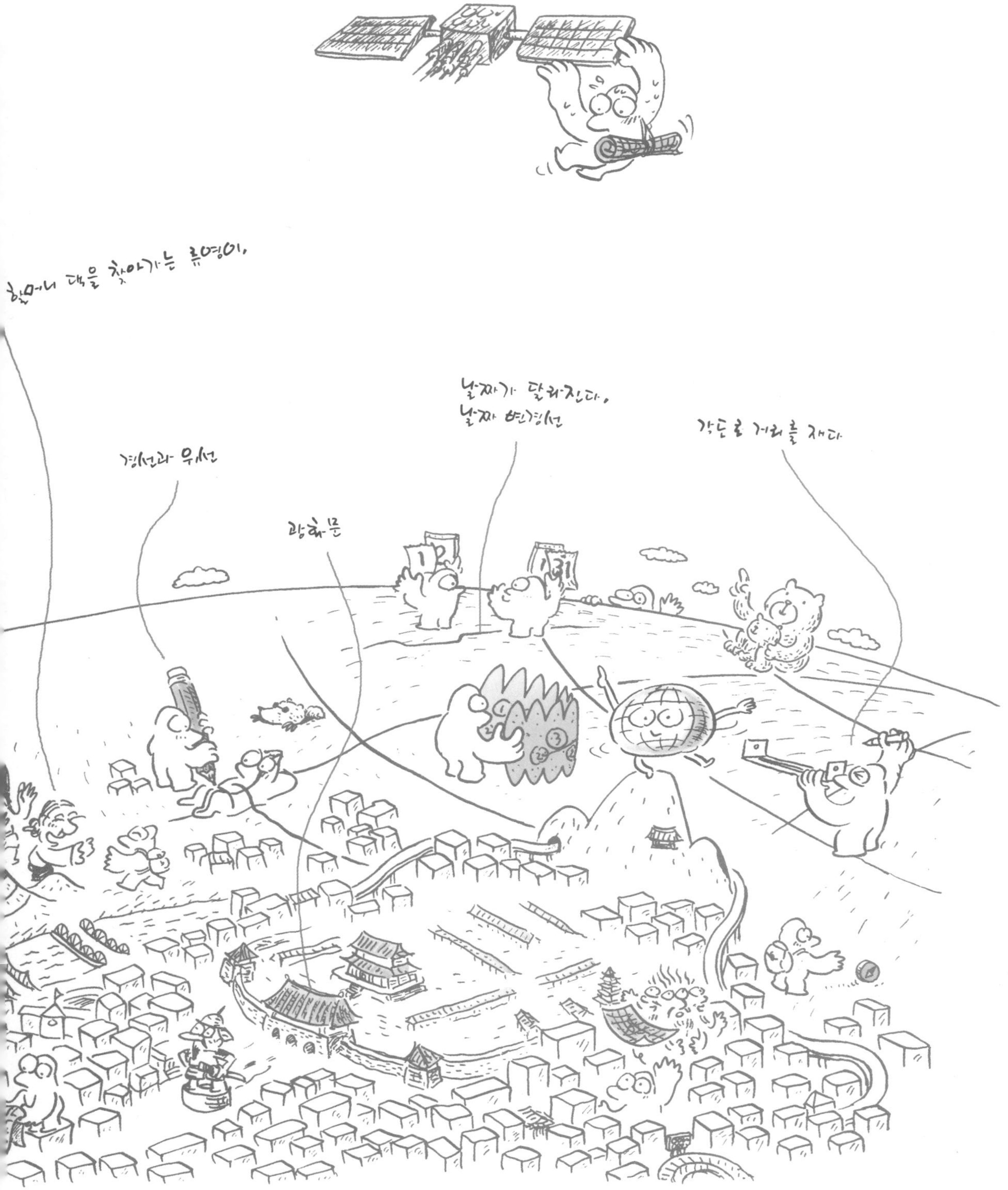
할머니 댁을 찾아가는 류영이,
경선과 위선
광화문
날짜가 달라진다,
날짜 변경선
각도로 거리를 재다

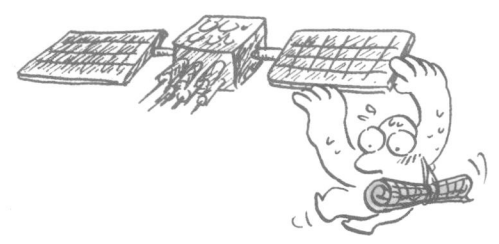

종이 한 장의 마법, 지도

지도에 담긴 모든 이야기

재미있게 제대로 3

종이 한 장의 마법, 지도 _지도에 담긴 모든 이야기

류재명 글 · 신명환 그림

1판 1쇄 펴낸날 2006년 5월 25일 | **1판 21쇄 펴낸날** 2025년 7월 18일 | **펴낸이** 이현성 | **펴낸곳** 길벗어린이㈜
등록번호 제10-1227호 | **등록일자** 1995년 11월 6일 | **주소** 03986 서울시 마포구 월드컵북로8길 25, 3F
대표전화 02-6353-3700 | **팩스** 02-6353-3702 | **홈페이지** www.gilbutkid.co.kr **편집** 송지현 서진원 임하나 황설경 박소현 김지원
디자인 김연수 송윤정 | **마케팅** 호종민 여하연 오은희 최윤경 김연서 강경선 | **경영지원본부** 김혜윤 전예은 | **제조국명** 대한민국
ISBN 978-89-5582-050-8 73980

글 ⓒ 류재명 2006 · 그림 ⓒ 신명환 2006
이 책은 저작권법에 따라 보호를 받는 저작물이므로, 저작권자와 길벗어린이㈜의 허락 없이는 이 책의 내용을 쓸 수 없습니다.

재미있게 제대로 3

지도에 담긴 모든 이야기
종이 한 장의 마법, 지도

류재명 글 신명환 그림

길벗어린이

머리말 나일강은 어디로 흐르는지 아세요?

나는 지리학을 공부하는 사람이라는 게 너무 행복합니다. 지리를 너무 사랑하기 때문이지요. 뭐가 그리 좋으냐고요? 대개는 공부를 '방'에서 하게 됩니다. 갇힌 방에서 공부를 오래 하다 보면 어디 멀리 여행이라도 가고 싶겠지만 학문을 하는 사람에게는 '놀' 시간이 별로 없습니다. 하지만 지리학자는 여행 다니는 게 '노는' 일이 아니라 '공부하는' 일입니다. 다른 사람들이 다 '일하거나 공부하고' 있을 때, 나는 여행을 떠나면서 "공부 좀 하고 오겠습니다."라고 말하는 것이 얼마나 신나는지 모릅니다.

그래서인지 흔히들 지리학자는 안 가본 곳이 없는 줄 압니다. 하지만 지리학자라고 해서 전 세계 곳곳을 다 다녀볼 수는 없습니다. 여행을 많이 다니려고 하면 돈도 시간도 많이 들고, 몸이 힘들기도 합니다. 그래서 직접 여행을 가지 않고도 공부하는 여러 가지 방법을 궁리했지요. 다른 지역에 대한 다큐멘터리 영상물을 찾아보기도 하고, 세계 곳곳의 자연과 문화에 관한 책을 보기도 한답니다. 그 가운데 가장 흥미롭고 확실한 방법은 바로, 지도를 보는 것입니다.

지도를 모르고 보면 선들이나 작은 기호로 정신없지만, 제대로 알고 찬찬히 들여다보면 지도 속의 세상이 생생히 살아 움직입니다. 아프리카

지도를 꺼내 놓고 한번 볼까요? 남부 지역을 보면, '오카방고'라는 강이 보입니다. 앙골라의 높은 산지에서 시작하여 아프리카에서 가장 큰 오아시스 삼각주로 꽃을 피우고는 그만, 목마른 칼라하리 사막을 만나는 바람에 바다로 흘러들지 못하고 생을 마치고 맙니다. 청록빛으로 출렁이던 그 장대한 강물을 사막이 삼켜 버리고 만 것이지요. 아! '오카방고'여!

그런데 볼 수 있는 '눈'을 갖지 못하면 지도가 품은 신비로운 세상도 다 소용없는 것이지요. 서울대학교 지리교육학과를 지원한 학생들을 면접할 때, 가끔 세계 지도를 벽에 걸어 놓고 묻곤 합니다.

"세계에서 가장 긴 나일강을 한번 찾아보세요."

강도 못 찾는 학생들이 꼭 있습니다. 나일강을 탐험하여 세계 지도에 그려 넣은 사람도 있는데, 강 이름이 큼직하게 적혀 있는 지도에서 그 강을 찾지도 못한다는 것은 좀 민망한 일이지요. 이번엔 강을 찾은 학생들에게 묻습니다.

"나일강이 어디서 어디로 흐르는지 말해 보세요."

놀랍게도 많은 학생이 강의 하류(아프리카 지도의 위쪽이지요.)에 손가락을 갖다 대면서, 그쪽에서부터 아래쪽(강 상류 방향)으로 흐른다고

    대답합니다. 지도가 벽에 걸려 있으니, 강물은 '위에서 아래로 흐른다'라고 생각했던 모양이지요. 그 학생의 말대로라면 지중해의 바닷물이 나일 강을 타고 내륙의 높은 지대로 올라가 상류의 어느 계곡에서 땅속으로 흘러들어가게 되는 셈입니다. 세상에나!

    우리는 지구가 한 마을처럼 좁아진 지구촌에서 살고 있습니다. 가까운 미래에는 세계를 무대로 살아가야 할 사람들이 세계 지도 하나 제대로 읽지 못한다면 큰일이겠지요? 지도는 우리가 세계로 나아가는 길을 알려 줍니다. 그리고 상상력과 모험심을 기르기에도 그만이죠. 그래서 여러분들이 진짜 멋진 친구인 '지도'와 만나 상상의 나래를 펼치면서 놀 수 있는 길을 이 책에 담고 싶었습니다. 지도와 친해지고 싶은 사람들이 많아지길 기대하며, 나는 또 지도와 놀러 나갑니다.

서울 관악산 아래에서
류재명

종이 한 장의 마법, 지도   차례

머리말 4

지도라는 친구

세상에서 가장 신비한 그림, 지도 13
지도는 길을 안내하는 땅 그림이다 16
지도는 친절해야 한다 19
지도는 꼭 할 말만 한다 21
지도는 생활 필수품이다 25
지도는 기호로 가득 찬 나라다 29

세계 어디서나 통하는 지도 지도를 볼 때 꼭 알아야 할 친구들 10
방위 어디가 동, 서, 남, 북? 34
축척 이만큼 줄였어요 70
등고선 산 높이와 생김새를 판판한 종이에 어떻게 그릴까? 98
여러 가지 지도와 기호 쓰임새가 다르면 모양도 달라 128

지도의 역사

옛날에는 어떻게 지도를 만들었을까? 37
지도를 그리기 시작한 사람들 40
상상력으로 만들어 낸 세계 지도 42
세상의 중심은 어디인가? 45
부처님의 손바닥, 예수님의 몸 49
지도는 나라의 힘! 52
김정호에 대해 일제가 꾸며낸 거짓말 56
김정호는 어떻게 살았을까? 58
우리 지도 제작술의 집대성, 대동여지도 62
김정호가 위대한 진짜 이유 67

지구를 재다

지구가 둥글다는 것은 어떻게 알았을까? 73
지구 크기를 잰 사나이, 에라토스테네스 76
알렉산드리아에서 시에네까지 80
세계 지도 그리기는 너무 어려워 84
류후이, 가 보지 않고도 거리와 높이를 재다 86
각도만 재면 거리를 알 수 있다 89
카시니 집안 4대에 걸쳐 완성한 프랑스 지도 93

지도 위 상상의 선들

위도와 경도는 왜 필요한가? 101
별을 보고 위도를 알다 103
시계를 보면 경도를 알 수 있다 106
존 해리슨, 경도에 도전하다 110
만족을 모르는 완벽주의자 113
경도 기준선은 영국을 지난다 116
지도에는 타임머신이 숨어 있다 119
동쪽 끝은 어디인가? 121
나라마다 다른 '현재 시각' 124

지구를 지도로!

세계 지도가 하는 거짓말 131
지도는 생김새에 따라 쓰임새가 다르다 134
귤로 만드는 지구본 137
디지털 카메라로 지구를 찍다 140
둥근 지구를 판판한 지도로 144
비행기로 지도를 만든다 147
사진으로 입체 지도 만들기 149
인공위성, 지도를 '생중계'하다 152
아직도 미지의 세계는 남아 있다 155

찾아보기 158

세계 어디서나 통하는 지도
지도를 볼 때 꼭 알아야 할 친구들

외국 사람과 말이 잘 통하지 않을 때도 지도만 척~ 꺼내 들면 누구나 알아듣고 길을 알려 주죠. 지도는 어디서나 다 통하는 '만국공통어'거든요. 그런 지도와 친해지면 세상이 달라 보인답니다.

방위표
동서남북을 알려 주는 거야.
방위표가 없으면 위쪽이 북쪽!

서울 주소는?
동경 127도 03분, 북위 37도 16분!
우리가 어디에 있든 그 위치를 정확하게 알려 주는 건 바로 위도와 경도야. 지도 위 가로선(위도)과 세로선(경도)이 만나는 점이 바로 우리 위치의 '주소'인 셈이야.

위선
지구를 남북으로 가르는 선(가로선)들이지.
남북으로 갈수록 커져서 북극점과 남극점은 위도가 90도야.

경선
이 선들은 남극과 북극에서 서로 만나면서 지구를 세로로 나누지. 경도선의 기준은 본초 자오선(경도 0도선)인데, 영국 그리니치로 하자고 약속해 두었어.
경도선은 시간을 나누는 선이기도 해.
경도 15도마다 1시간씩 차이가 나지.

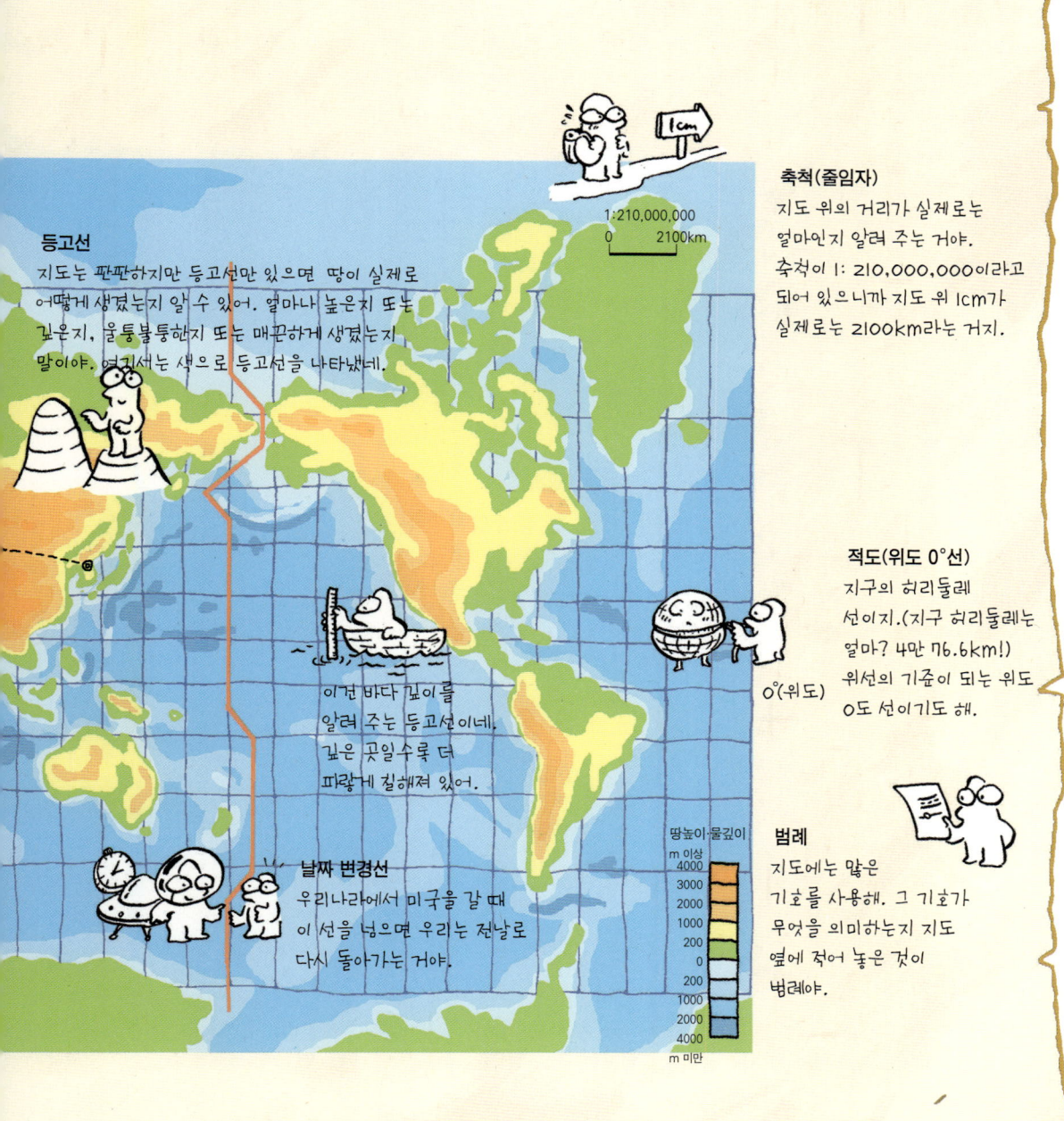

지도라는 친구

지도는 우리가 보고 싶은 세상을 달랑 종이 한 장에 담아 놓은
마법의 물건일지 모릅니다. 우리를 저 넓은 세상으로 데려가는
파이어 볼트, 마법의 빗자루, 말이지요.

세상에서 가장 신비한 그림, 지도

지도는 그림입니다. 그런데 사물을 있는 그대로 그리지는 않습니다. 여기 그림이 하나 있습니다. 어쩐지 추상화 같아 보이기도 하지요? 사각 색유리 모자이크 같은 추상화로 유명한 몬드리안의 그림과 비교해 볼까요?

많이 닮아 보입니다. 하지만 이 그림은 추상화가 아니라 실제 나라 크기를

몬드리안의 추상화 〈콤포지션 A: 검정, 빨강, 회색, 노랑, 파랑의 구성〉, 1920년

무시하고 인구 크기로 나라 크기를 표시한 '세계 인구 지도'입니다. 지도는 추상화에 비해 전달하려는 '뜻'이 분명하고 구체적이지요. 몬드리안의 추상화는 보는 사람에 따라 느낌이 다를 수 있지만, 세계 인구 지도는 누구에게나 똑같이 세계에서 인구가 가장 많은 나라가 중국이라는 사실을 보여 주고 있으니까요.

세계 인구 지도 인구 크기에 따라 나라 크기를 표현했다.

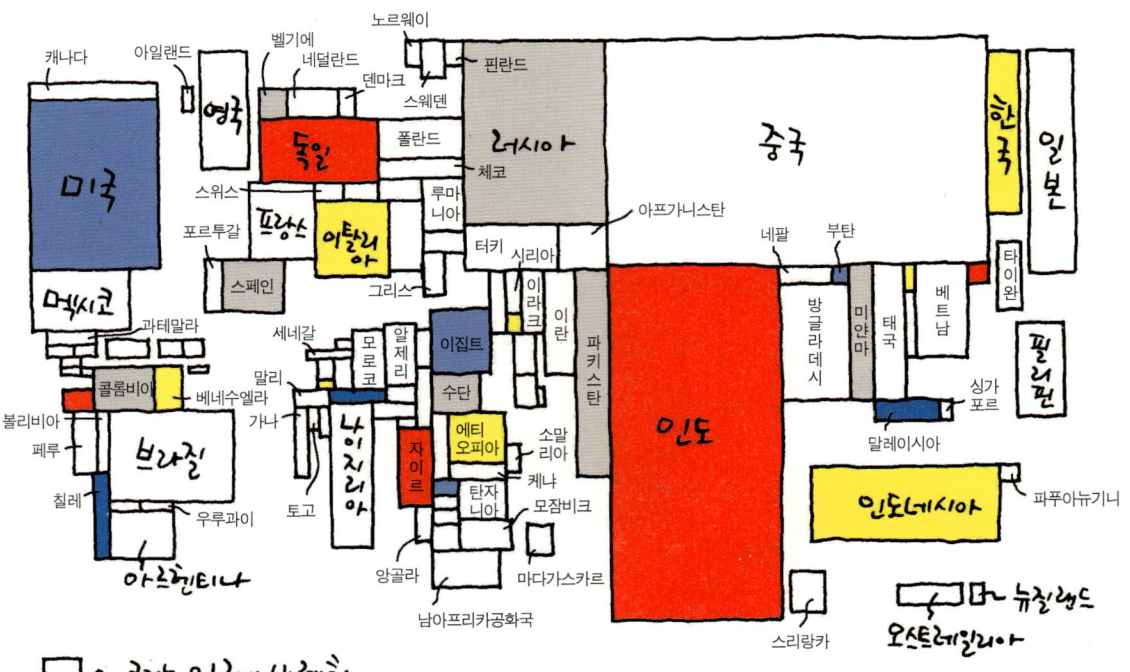

이처럼 지도에 보이는 것들은 무언가를 분명히 나타내고 있습니다. 선과 면, 색깔 또는 작은 상징 그림까지 다 동원해 실제 세계나 정보를 표현하지요. 지도에 나타난 이런 기호들을 보면서 실제 모습을 상상하는 일은 참 흥미롭습니다.

파란색으로 구불구불 그려진 선이 '강'이라니요! 쭈글쭈글 동심원 모양의 등고선을 보면 그 산이 어떻게 생겼는지 직접 보지 않고도 떠올릴 수 있고, 누리끼리한 바탕에 작은 점들이 다다닥 찍힌 곳을 보면 사막에 부는 모래바람이 느껴지잖아요. 조금만 상상력을 발휘한다면 지도를 보면서 얼마든지 '그곳'을 느껴볼 수 있답니다.

세계 지도, 우리나라 지도도 좋고 다른 나라 지도도 많이 보세요. 종이 한 장에 그려진 지도지만, 보고 있으면 가 보고 싶은 곳이 너무 많아 가슴이 벅찹니다. 재미있는 지명도 찾아보고, 지도에서 얻은 정보를 가지고 그곳 사람들은 무얼 먹고 어떤 집에 살고 있을지, 내 또래들은 무엇을 하며 놀지 상상해 보세요. 그곳의 자연과 문화, 언어에도 관심이 생기고 아는 것도 많아질 겁니다. 그리고 언젠가는 직접 가 볼 기회도 생기겠죠. 그때 내가 상상했던 것과 비교해 보면 더 재미있을 겁니다.

지도를 보면서 세계 곳곳에 관심을 갖다 보면 우리 가슴도 세상을 담을 만큼 크게 자랄 겁니다. 그러고 보면 지도는 우리가 보고 싶은 세상을 달랑 종이 한 장에 담아 놓은 마법의 물건일지 모릅니다. 우리를 저 넓은 세상으로 데려가는 파이어 볼트, 마법의 빗자루, 말이지요.

지도는 길을 안내하는 땅 그림이다

지도라는 글자를 풀어 보면 땅 지地에 그림 도圖, 땅 그림이라는 뜻입니다. 그렇다면 옆의 그림처럼 그리면 될까요? 음, 땅을 그린 건 맞는데 어디를 그린 것인지 통 알 수가 없군요.

    지도란 땅 그림이긴 하지만 누가 보아도 어디가 어딘지 알기 쉽게 그려진 그림이어야 합니다. 적어도 아래 그림처럼 그려져야 어디를 가려고 할 때

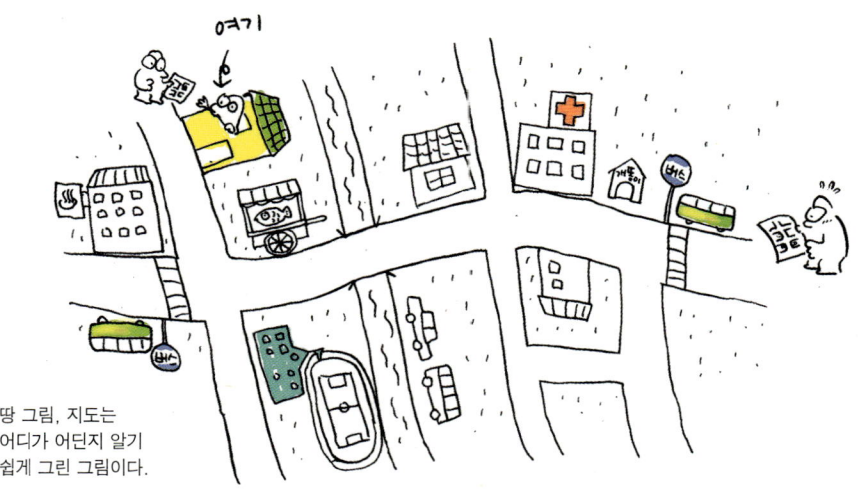

땅 그림, 지도는 어디가 어딘지 알기 쉽게 그린 그림이다.

도움을 주는 '지도'로서 자격이 생기는 셈입니다.

지도는 복잡하고 어려운 일도 간단하게 만드는 해결사입니다. 누군가에게 낯선 길을 알려 줄 때 말보다는 그림을 그려 설명하면 금방 알아듣잖아요. 만약 이사한 뒤 우리 집에 처음 놀러 오는 친구들에게 길을 일러 준다고 해 봐요.

"지하철역에 내려서 남서쪽 출구로 나와 쭉 걷다가 사거리가 나오면 왼쪽으로 돌아서 약 50미터를 더 걷다가 길을 건너. 그러면 약국이 보이거든. 그 약국 옆에 있는 골목으로 들어와서 비디오 가게가 보이면 가게 바로 옆 골목으로 들어와. 그리고 그 골목……."

열심히 설명하지만 친구들은 고개를 갸우뚱거리며 자꾸 다시 말해 보라고 합니다. 내 머릿속에는 집 찾아오는 길이 훤히 보이는데 답답하게도 친구들은 바로 알아듣지 못합니다. 더 이상 어떻게 자세히 말하라는 건지.

눈에 보이는 장소와 달리, 멀리 떨어져 보이지 않는 장소로 찾아가는 길을 말로 설명하는 일은 결코 쉽지 않습니다. 이럴 때 지도를 이용하면 간단하게 문제를 해결할 수가 있죠. 친구들에게 장황하게 설명하기보다는 지도 한 장만 그려 주면 바로 찾아올 것입니다.

지도란 바로 이런 것이지요. 산이나 강, 집이나 길을 상세히 그릴 필요는 없습니다. 점과 선, 면으로 간단하게 그리면 되지요. 예술 작품을 만드는

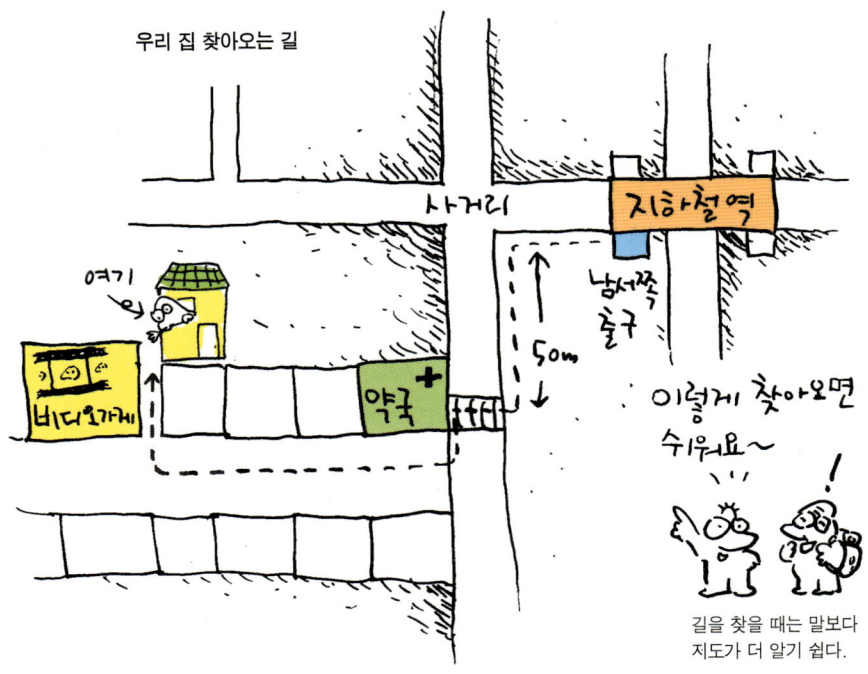

길을 찾을 때는 말보다 지도가 더 알기 쉽다.

것이 아니고, 위치나 방향을 알기 쉽게 보여 주는 것이 지도의 '중요한' 임무이기 때문입니다.

지도는 친절해야 한다

우리는 알게 모르게 지리를 묻는 이야기를 늘 하면서 살고 있답니다.

"너희 집은 어디야?" "여름 방학 때 어디 갔다 왔니?" "할아버지 댁은 어딘데?" "그 가방은 어디서 샀니?" "이번 소풍은 어디로 가지?"

이런 흔한 질문들이 실은 모두 '지리적' 대화인 셈이죠. 그런데 무엇이 어디에 있는지 알려 줄 때는 대개 말보다 '그림지도'가 더 쉽고 편합니다.

지도는 지리 정보를 친절히 일러 주는 안내원이라고 할 수 있죠. 친절한 안내원은 손님이 원하는 것을 제대로 가져다주고, 손님이 편하게 느끼도록 애씁니다. 마찬가지로 지도도 손님 즉, 지도를 볼 사람이 알아보기 편하게 그려져야 합니다.

우리 집을 처음 찾아오는 친구에게 우리 집을 중심으로 우리 동네만 달랑 그린 지도를 준다면 과연 친구가 집을 쉽게 찾을 수 있을까요? 내가 그리는 지도는 아직 집을 모르는 친구를 우리 집이라는 '미지의 세계'로 안내하는 친절한 안내원인 것입니다. 그러므로 지도에는 무엇보다 친구가 잘 아는 표식, 예를 들어 학교 같은 건물이나 장소가 꼭 그려져 있어야 하겠지요. 그래야 친구 스스로 길을 찾을 수 있으니까요.

하루에도 수많은 광고지가 대문에 붙거나 거리에 뿌려집니다. 특히 새로

연 가게들은 손님들의 관심을 끌기 위해 알록달록 온갖 멋을 부린 광고지를 만들지요. 그런데 광고지마다 빼놓지 않는 게 있습니다. 바로 전화번호와 가게 위치 안내도지요. 일단 가게 위치 안내도를 눈에 쏙 들어오도록 '친절하게' 그렸다면, 성공한 광고지인 셈입니다.

광고지에서 가게 안내도를 찾아보고, '친절한' 지도인지 아닌지 살펴보세요. 지도마다 우리 동네를 어떻게 그렸는지, 중요한 표식으로 무엇을 잡았는지, 누구나 쉽게 알 수 있는 표식인지 등을 말입니다.

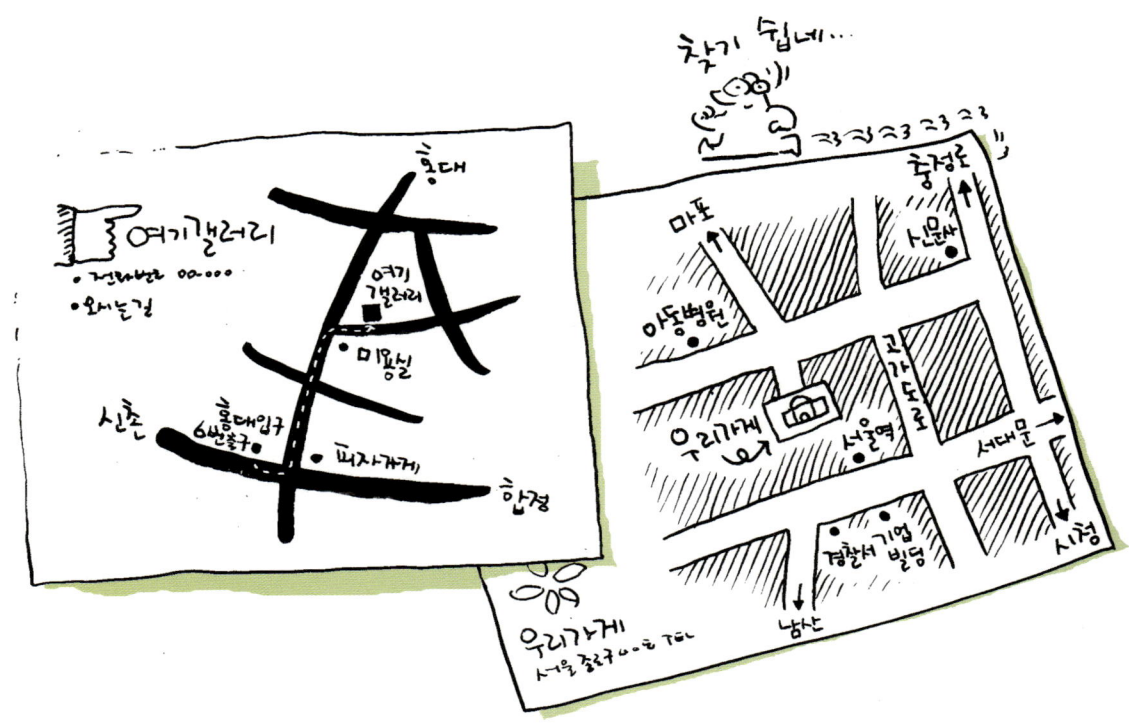

지도는 꼭 할 말만 한다

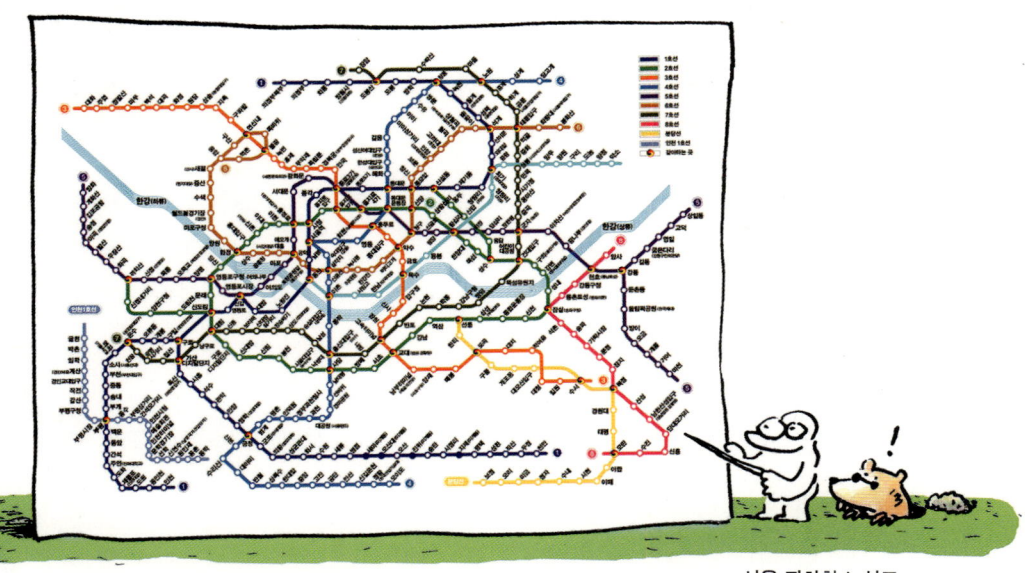

서울 지하철 노선도

"어? 이것도 지도야?"

서울 지하철 노선도도 찾아가야 할 길을 잘 알려 주는 지리 정보니까 지도가 맞습니다. 더구나 빛깔 고운 선들로 예쁘게 만들어 놓은 지도지요. 각 역은 동그란 점으로 표시되고 역 이름도 적혀 있습니다.

그런데 왜 노선마다 색깔이 다 다를까요? 예쁘게 만들려는 이유뿐일까요? 노선도를 모두 검은색으로 만든다면 어떨까요?

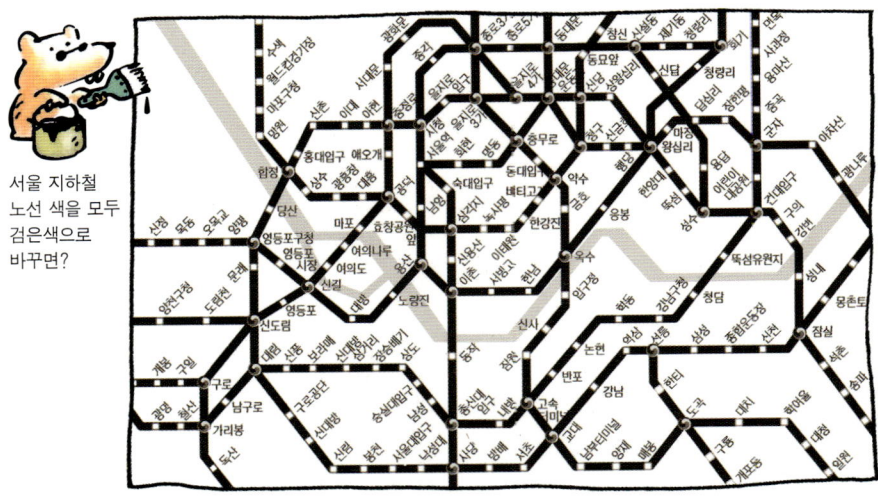

서울 지하철
노선 색을 모두
검은색으로
바꾸면?

    워낙 서울 지하철이 여러 노선들로 복잡하게 얽혀 있다 보니 역시 검은색 한 가지로는 알아보기가 영 쉽지 않네요. 결국 노선마다 색을 다르게 하는 가장 중요한 이유는 알아보기 쉽게 하려는 것임을 알 수 있습니다.

    노선도뿐만 아닙니다. 지하철역 모든 안내물도 노선따라 색깔이 다릅니다. 그래서 녹색이면 '아 내가 2호선을 타고 있구나' 쉽게 알 수 있죠. 지하철역을 찾을 때도 멀리서 안내판 숫자나 역 이름은 알아보기 어려워도 색은 쉽게 구별할 수 있잖아요.

    평소에는 무심코 지나쳤던 지하철역을 한번 구석구석 둘러보세요. 그냥 아무 색이나 칠해둔 것이 아니라는 사실을 금방 알 수 있을 겁니다. 색도 좋은 지리 정보가 되는 거지요.

그런데 이렇게 기특한 지하철 노선도가 작은 거짓말을 하고 있다는 사실을 아세요? 지하철 노선도에 그려진 노선은 실제로 지하철이 다니는 길 모양과는 많이 다릅니다. 길 모양을 정확하게 그리면 좋겠지만 그렇게 되면 지도는 알아보기 어려워지거든요. 서울 시내 중심 지역은 여러 노선이 복잡하게 얽혀 있어 역 이름을 적어 넣기조차 어려울 것이고, 노선이 하나만 지나는 외곽 지역은 텅 빈 채로 그려지겠죠.

지도는 무엇보다 '쓰임새에 맞는 정보'를 '정확'하게 전달하는 것이 우선입니다. 노선도는 사람이 직접 가는 길이 아니라 기차가 다니는 길을 표시한 지도입니다. 그러므로 지하철 노선도에서는 자세한 길 모양보다는, 목적지에 가기 위해 몇 호선을 타고 몇 정거장을 지나 어느 역에서 내려야 좋은지 등을 잘 알 수 있어야 하죠.

지도는 필요하다면 '과장'을 해서라도 보는 사람이 꼭 필요한 정보를 빠르고 쉽게 알 수 있도록 만들어야 합니다. 그래서 필요하지 않은 정보는 없애거나 실제와 다르게 그릴 수 있는 거지요. 많은 정보가 아니라 목적에 꼭 맞는 정보를 가지고 있는 지도가 좋은 지도니까요.

지하철역에는 노선도뿐 아니라 우리를 돕는 안내 지도가 많습니다. 역 주변을 한눈에 볼 수 있는 안내도에는 거리가 적힌 커다란 원이 몇 개 그려져 있지요. 출구에서 목적지까지 얼마나 떨어져 있는지 알려 주는 것입니다. 목적지가 가장 작은 원 안에 있다면 걸어갈 만한 거리겠죠? 그 밖에 각 층별 지하도와 계단 위치를 보여 주는 그림도 있고, 각 출구와 역

주변 주요 건물, 길 등을 알 수 있는 있는 지도도 있답니다.

   이제 지도가 보이면 꼭 보고 가세요. 안내 지도와 친해지면 방향감각을 잃어버리기 쉬운 지하에서 헤매다 엉뚱한 출구로 나갈 일은 없어질 겁니다. 또 혹시라도 비상시엔 '신속하게' 대처할 수도 있겠죠!

지도는 생활필수품이다

모처럼 주말에 가족들과 놀러 가는 길, 도로 위를 신나게 달렸으면 좋겠는데 이럴 땐 언제나 길이 막히는 법. 차는 움직일 줄 모르고, 너무너무 지루해 이리저리 뒤적거리다 눈에 띈 지도책!

금세 지루함은 사라지고 지금 우리 차가 어디 서 있는 건지 지도책을 뒤져 찾아봅니다. 저쪽으로 샛길이 있었는데 그리로 갔으면 안 막혔을 거라는 둥 지도에 난 길을 보여 주며 구시렁대다 보면 어느새 길이 뚫리곤 하던 경험, 한 번쯤은 있을 겁니다.

우리나라에서도 자동차로 여행하는 가족이 많이 늘어나면서 지도책은 '베스트셀러'가 되었습니다. 자동차를 운전하다 보면 길을 모를 때마다 일일이 물어보면서 다닐 수가 없습니다. 고속 도로를 달리면서 어느 출구로 빠져나가야 할지, 시골길을 달리다 나타난 갈림길에서 어디로 가야 할지 모를 때는 길을 물어볼 수조차 없잖아요.

그러니까 운전하는 사람은 출발 전에 계획을 분명히 세워 두는 것이 좋습니다. 어느 길로 갈 것인지, 어느 휴게소에서 쉴 것인지, 어디에서 식사를 할 것인지 등등. 이런 계획을 세울 때 빠지면 서운한 감초가 바로 지도책이죠. 지도에는 우리가 갈 수 있는 길이 표시되어 있으니까요. 계획에서 가장 먼저

할 일은 바로 그 수많은 길 가운데 어느 길로 갈 것인가를 결정하는 일입니다.

지도책을 처음 보면 정신이 하나도 없습니다. 수많은 지도들로 가득하고, 지도 안에는 또 기호와 지명, 도로 번호 등으로 빈틈이 없거든요. 그만큼 지도책에는 아주 다양한 지리 정보가 들어 있습니다.

먼저 겉장을 착 넘겨보면, '찾아보기'나 '전국 색인 지도'가 있고, 주요 지역별로 대표적인 지명을 정리한 '목차'와 '범례' 등이 있어요. 그리고 특별시나 광역시, 도별로 나뉜 지도들이 빼곡히 들어 있습니다.

할머니 댁을 찾아보면서 지도책을 좀 더 알아볼까요? 할머니가 사시는 곳은 다음과 같습니다.

　대한민국 → 경상남도 → 합천군 → 삼가면 → 학리 → 용계부락 → 할머니 댁

　지명은 대개 이런 계층 구조를 갖는데, 학생을 찾을 때 우선 어느 학교 몇 반인지 알아야 하는 것과 비슷한 거죠.

지도책에서 할머니 댁 찾기

가장 먼저, 지도책 맨 앞에 있는 우리나라 지도에서 합천이 있는 경상남도를 찾습니다.

'찾아보기'에서 경상남도 합천이 지도책 몇 쪽에 있는지 확인합니다. 경상남도가 있는 칸에 적힌 번호가 지도책 쪽수입니다.

한국 학생 → 서울 학생 → 관악구 학생 → △□초등학교 → 4학년 → 3반 → 류영

친구들과 함께 부모님 고향이나 할아버지 할머니, 친척들이 사는 지역을 찾아보세요. 친구 이야기를 듣다 보면 저절로 그 지역에 대한 정보도 얻고 어느새 친구와도 한 뼘쯤 더 친해져 있을 거예요.

지도는 기호로 가득 찬 나라다

'로마에 가면 로마법을 따르라'는 말이 있습니다. 지도 나라에서 헤매지 않고 신나게 지내려면 지도 나라 법을 잘 알아야 하죠. 지도 나라 기본법은 바로 '기호'입니다.

지도는 울퉁불퉁한 세상을 평평한 종이에 담는 것이라서 모든 것을 있는 그대로 표시하기 힘듭니다. 게다가 복잡한 세상을 작은 지도에 모두 넣으려면 뒤죽박죽 섞여 알아 볼 수가 없을 겁니다. 그래서 지도에는 복잡한 세상을 단순하게 만드는 기호를 사용합니다. 지도에 나오는 다양한 기호들을 알려면 지도책 앞부분이나 지도 아래쪽에 있는 '범례'를 보세요.

범례는 지도 속 기호들이 무엇을 의미하는지 알려 주는 단어장 같은 것이에요. 범례에서 도로 기호를 한번 살펴볼까요? 고속 국도, 국도, 지방도, 철도가 서로 다른 색으로 표시되어 있고, 비포장 길은 노란색으로 표시되어 있네요.

지도에서 길은 아주 중요한 정보입니다. 그래서 고속 도로, 일반 도로, 철도와 지하철 노선 등이 상세하게 그려져 있지요. 그런데 그 길들이 모두 똑같은 선으로 그려져 있다면 길을 쉽게 구별하기 어려워 쓸모 있는 지도가 되지는 못하겠지요. 똑똑한 지도는 길의 종류를 한눈에 구별할 수

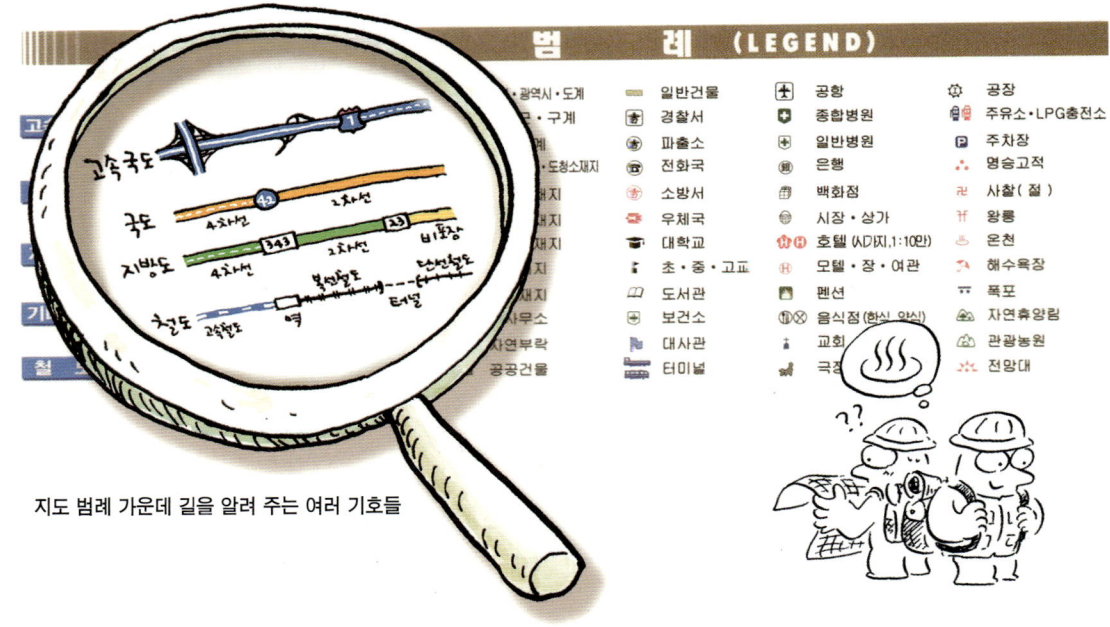

지도 범례 가운데 길을 알려 주는 여러 기호들

있도록 각기 다른 기호를 사용합니다.

  도로 기호 중간에 써 있는 숫자는 도로 번호입니다. 도로 번호도 도로 등급에 따라 모양이 다르죠. 그래야 번호만 보고도 국도인지 지방도인지, 도로 종류를 금방 알 수 있으니까요. 운전하는 사람이 기호의 뜻을 빨리 알아차리지 못하면, "저게 뭐였지?" 하면서 허둥대는 순간에 길을 잘못 들어설 수도 있고 사고가 날 수도 있잖아요.

  이 밖에도 지도에는 각 시도의 경계선, 공원, 경찰서나 소방서, 명승고적이나 온천 같은 관광지, 해안선 모양이나 산 높이를 알려 주는 등고선

등 아주 많은 기호가 있습니다. 심지어 폭포나 약수터, 낚시터, 국보나 보물, 천연기념물이 어디에 있는지 알려 주는 기호도 있지요.

그러나 기호를 모두 외울 필요는 없습니다. 많이 쓰는 기호들은 어느 책이나 거의 비슷한 데다, 잘 모르는 기호가 나오면 책 앞이나 지도 옆에 있는 범례를 보면 되거든요.

다음 지형도에서 재미있는 기호 몇 가지만 보고 갈까요? 지형도는 우리나라 모든 지도의 기준이 되는 지도로, 국토지리정보원에서 펴내고 있지요.

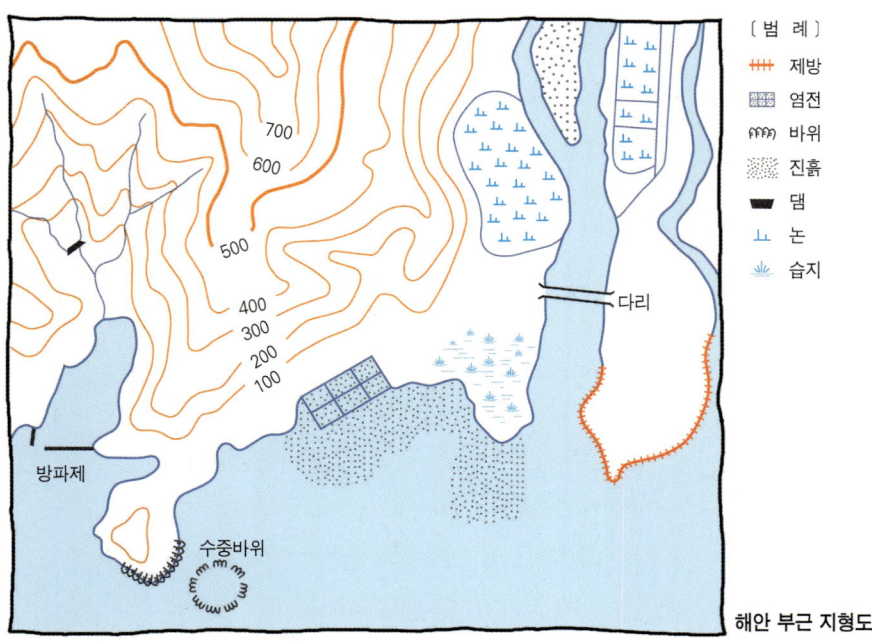

해안 부근 지형도

이 지도의 범례를 보면 제방, 염전, 바위, 진흙, 댐, 논, 습지라는 기호가 있어요. 제방은 바닷물이 넘어 들어오지 못하게 막아 주는 둑이지요. 제방을 나타내는 기호는 철도 기호랑 비슷하게 생기지 않았나요? 염전鹽소금 염, 田밭 전은 소금밭이죠. 여러 개로 나뉜 칸 안에 점을 톡톡 찍어 마치 소금이 흩어져 있는 모양을 하고 있네요. 뜨개질을 한 듯 오돌토돌하게 표현한 것은 바위군요. 이 기호로 표시된 바닷가에서는 해수욕 하기 어렵겠다는 생각을 쉽게 할 수 있겠죠? 바닷가에 '진흙' 기호로 표시된 것은 갯벌이고, 논과 습지도 각각 모와 풀 모양을 본떠 만들어 쉽게 알아볼 수 있습니다.

각각의 기호들이 누구라도 한눈에 알아볼 수 있게 다 그럴 듯한 모양을 하고 있지요? 그러니 지도의 기호는 말 없이도 통하는 언어이니만큼 아무렇게나 애매하게 그려지는 건 아니란 말이지요. 내가 그리는 지도에서 누구라도 척 알아볼 수 있는 멋진 기호를 만들어 보는 일, 재미가 쏠쏠하지 않겠어요?

방위 어디가 동, 서, 남, 북?

지도를 잘 그리고 나서 동서남북, 방향을 그려 넣지 않는다면, 멋진 공룡 그림에 눈이 없는 것과 같아요. 지도가 하는 가장 중요한 일이 길을 찾을 수 있게 돕는 것인데, 방향이 없다면 길을 제대로 찾기는 당연히 힘들죠. 그래서 지도에는 방향을 나타내는 방위표가 필요합니다.

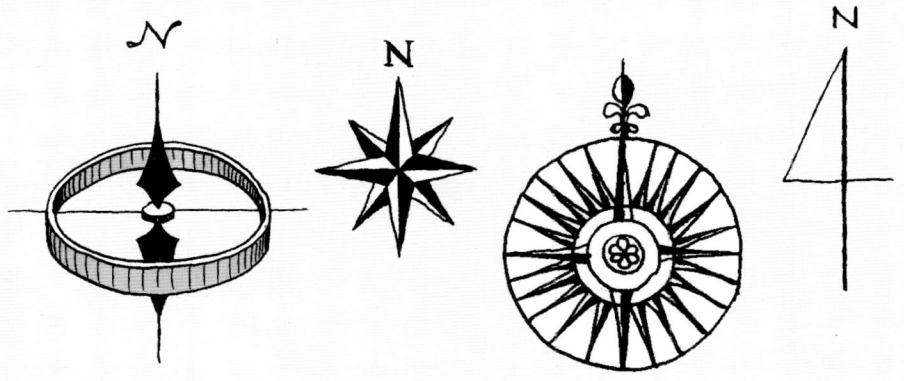

다양한 방위표 방위표가 없는 지도는 위쪽이 북쪽이다.
N-north(북), S-south(남), E-east(동), W-west(서)

그런데 방위표가 없어도 잘못된 지도는 아니에요. 방위표가 없으면 지도 위쪽을 북쪽으로 하자고 약속이 되어 있거든요. 2세기경 프톨레마이오스*라는 사람이 처음 정한 뒤로 쭉~ 그렇게 되었다고 합니다.

***프톨레마이오스** 대단한 지리학자였던 그는 지금까지도 사용하는 지도의 기본 형식을 만든 사람이죠. 축척과 방위를 표시하고, 무려 8천 곳이나 되는 지역의 위도와 경도를 명확하게 밝혀 놓기도 했대요. 콜럼버스를 비롯한 수많은 탐험가들 역시 그가 제작한 지도들을 가지고 탐험을 했답니다.

그렇다고 반드시, 꼭 지도 위쪽이 북쪽이어야 하는 건 아니에요. 다음 그림을 볼까요? 세계 지도 같은데 어째 좀 낯설지요? 자주 보는 우리나라 부근 지도를 뒤집어 놓은 겁니다. 흔히 보는 지도에서 우리나라는 아시아 대륙 끝에 붙어 있는 것처럼 보일 때가 많잖아요. 그런데 여기서는 넓은 바다로 시원하게 뻗어 나가는 맨 앞에 서 있습니다. 보기 좋죠? 방위표만 잘 달아두면 OK!

그런데 한번 북쪽이라고 영원한 북쪽일까요? 서울은 제주도보다 북쪽에 있지만, 백두산에서 보면 남쪽에 있잖아요. 이렇게 위치는 어느 곳을 기준으로 삼았느냐에 따라 달라질 수 있지요.
그렇다면 한 장소를 어디에서나 누구든지 똑같이 나타낼 수 있는, 우리 집 주소 같은 건 없을까요? 바로 위도와 경도입니다. 그 이야기는 101~118쪽에 자세하게 나와 있습니다.

지도의 역사

세상이 궁금해진 사람들이 점차 먼 곳으로 탐험을 떠나고, 그 먼 곳을 지도로 그려 '새로운 세상'을 열어 갔습니다. 사람들이 점점 멀리 가게 될수록 지도 위 세상도 점점 더 넓어졌습니다.

옛날에는 어떻게 지도를 만들었을까?

요즘 지도는 종이에 아주 예쁜 색깔로 인쇄되어 있습니다. 인터넷에서 멋지게 만들어진 지도, 특히 인공위성으로 찍은 지도도 본 적이 있을 겁니다. 그런데 컴퓨터나 인공위성, 심지어 종이도 연필도 없던 시절에는 어떻게 지도를 만들었을까요?

지도를 그리기 위한 도구가 주위에 하나도 없을 때 우리는 어떻게 하는지 떠올려 보세요. 흙이나 모래가 있다면 손가락이나 나뭇가지로 쓱쓱 그리든가, 판판한 돌이 있으면 색이 나는 다른 돌로 꾹꾹 눌러 그리기도 하지요. 옛날 아주 먼 옛날, 종이도 연필도 없던 시절에도

어떻게 지도를 만들게 되었을까?

아마 비슷한 방법으로 알려 줬을 겁니다.

그런데 땅 위에 나뭇가지로 그린 지도는 금방 지워지니까 오랫동안 두고 볼 지도는 진흙판 위에 그리고 말려서 책처럼 만들어 썼답니다. 이런 진흙판 지도 가운데 몇 개는 지금까지 남아 있습니다.

태평양 섬 사람들은 바다에서 쓰기 좋은, 독특한 지도를 만들기도 했습니다. 야자나무 잎에서 단단한 부분을 가늘게 잘라 엮고, 조개껍질이나 산호 조각을 붙여 만든 지도였습니다. 섬 사람들에게는 어디에 섬이 있는지, 해류가 어디로 흐르는지, 물 깊이가 얕은 곳이나 고기가 많은 곳 등이 중요한 정보니까 지도에 표시해 둔 거랍니다.

산과 들에서 살던 사람들이라면 어디에 맛있는 열매나 사냥감이 많은지, 안전하게 잠자고 생활할 수 있는 동굴은 어디인지 등을 지도에 표시해 두었을 거예요. 그리고 쉽게 알아볼 수 있도록 산이나 고개, 강, 큰 바위, 큰 나무 등을 그려 넣었을 겁니다.

요즘은 지도에 열매나 사냥감이 아닌, 맛있는 음식점이나 재미있는 장소를

태평양 섬 사람들의 바다 지도

표시하지요. 지도가 하는 역할은 그대로지만, 지도에 그려 넣고 싶은 내용은 사는 곳이나 시대에 따라 참 많이 다르죠?

지도를 그리기 시작한 사람들

지도는 무언가 기억해 둘 만하거나 알릴 일이 생긴 사람이 그리기 시작했을 겁니다. 처음엔 주로 자신이 살고 있는 곳 주변을 지도로 그렸을 거고요. 그러다 동네 밖에는 어떤 세상이 있는지 궁금한 사람들이 점차 멀리 떨어진 곳으로 탐험을 떠났겠죠. 그 가운데 어떤 사람들은 탐험한 곳을 지도로 그려 다른 사람들에게 '새로운 세상'을 알렸습니다. 사람들이 점점 더 멀리 가게 될수록 지도도 점점 더 넓은 지역들을 담게 되었지요.

바빌로니아 점토판 지도 기원전 약 2300년

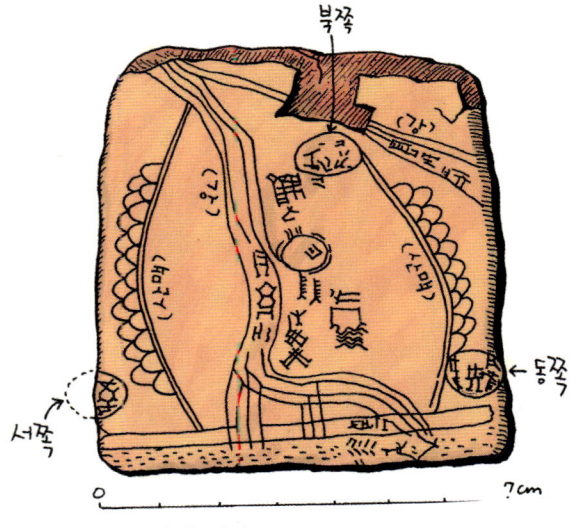

다시 그린 점토판 지도

지금까지 가장 오래된 지도로 알려진 것은 바빌로니아 점토판 지도입니다. 이라크 북부 지역에서 발견된 이 지도는 기원전 약 2300년 무렵에 만들어진 것이라고 합니다.

그런데 터키 차탈회위크 지역에서 1963년에 발견된 벽화 그림이 세계에서 현존하는 가장 오래된 지도라고 주장하는 사람도 있습니다. 이 벽화는 기원전 약 6200년 무렵에 그려진 것으로 추정되거든요. 화산과 그 아래로 약 80채에 이르는 집들이 모여 있는 마을이 그려져 있는 것이라고 합니다.

하지만 지도를 그린 방식이 현재와는 많이 다르기 때문에 차탈회위크 벽화를 지도라고 보지 않는 사람들도 많습니다. 너무 오래된 탓에 벽화에 남아 있는 색이나 선들이 희미하여 무슨 그림인지 알아보기 어렵거든요. 꼭 추상화를 보는 느낌이지요?

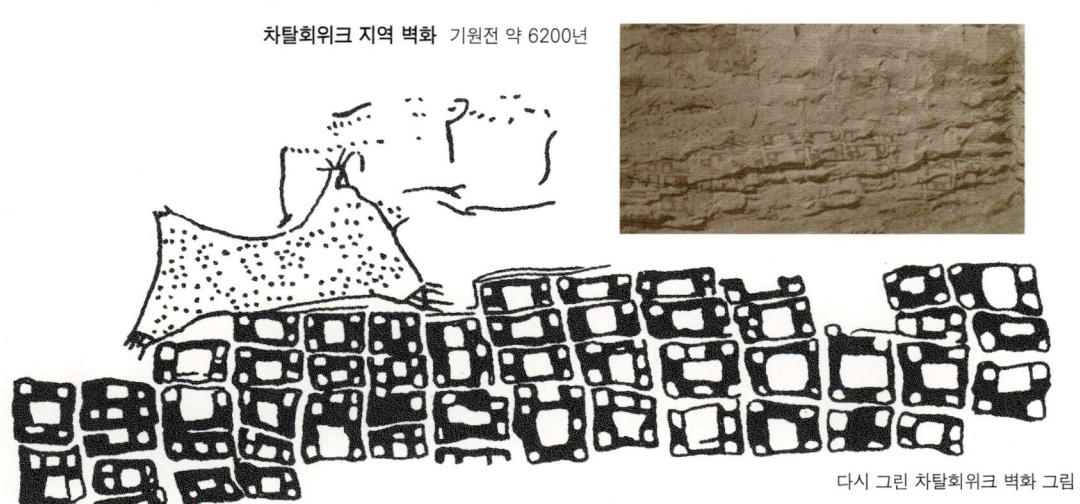

차탈회위크 지역 벽화 기원전 약 6200년

다시 그린 차탈회위크 벽화 그림

상상력으로 만들어 낸 세계 지도

가까운 거리도 지도로 그리기가 만만치 않은데 옛날 사람들은 세계 지도까지 그려냈답니다. 어떻게? 바로 상상력의 힘으로 말이죠. 실제로는 하루 십 리를 걷기도 힘들지만 상상으로라면 백 리, 천 리가 아니라 수만 리를 날 수도 있으니까요.

인쇄술이 발달하기 전, 여러 정보는 대부분 사람들 입에서 입으로 전해졌습니다. 어떤 사람이 먼 나라를 여행하며 겪은 이야기가 이리저리 전해지면서 다른 사람들이 상상한 것도 보태져 사실과는 많이 다른 '전설'이 되곤 하였죠. 여행 이야기에 황당한 소문과 기발한 상상이 섞여 귀신 이야기보다도 더 신기하고 재미난 이야기로 발전되기도 했습니다. 이런 이야기는 무척 인기가 있어 지도로 그려지기도 했지요.

《산해경山海經》이라는 옛 책에는 이상한 사람들과 기괴한 동물들이 사는 나라가 많이 나오는데, 대부분 사람들의 상상력이 만든 나라들입니다. 다른 지역에 대한 이런 궁금증과 상상력은 결국 세계 지도까지 만들어 냈는데, 바로 〈천하도天下圖〉입니다.

〈천하도〉를 보면 세계가 둥글게 그려져 있습니다. 사방 빙 둘러 바다가 있고, 그 안으로 약간 네모난 도넛 같은 대륙이 있네요. 그 대륙 안쪽에 다시

《산해경》에 나오는 나라 사람들과 〈천하도〉

날개를 가진 우민국(羽民國) 사람

온몸에 털이 난 모민국(毛民國) 사람

눈이 하나뿐인 일목국(一目國) 사람

몸 아래가 물고기인 저인국(低人國) 사람

몸이 3개인 삼신국(三身國) 사람

머리가 3개인 삼수국(三首國) 사람

두 팔의 길이가 긴 장비국(長臂國) 사람

〈천하도〉 국립중앙박물관 소장 18세기 후반, 중국 고전 《산해경》을 기초로 만든 상상의 세계 지도이다.

바다가 있고, 지도 가운데에 이리저리 울룩불룩한 대륙이 또 있습니다.

이름표처럼 길쭉한 네모 안에는 여러 나라 이름이 한자로 적혀 있습니다. 일목국一한 일, 目눈 목, 國나라 국은 서쪽 바다 중간에서 약간 위에 있네요. 아마 섬나라인가 봅니다. 일목국에서 아래쪽으로 조금 내려가면, 우민국羽날개 우, 民백성 민, 國나라 국이 있고, 또 그 아래쪽에는 삼수국三석 삼, 首머리 수, 國나라 국이 보입니다.

거인들이 산다는 대인국大人國, 여자들만 사는 여인국女人國도 한번 찾아 보세요. 별별 나라가 다 있습니다. 참 대단한 상상력이죠. 〈천하도〉는 직접 가 보고 확인한 나라들을 지도에 표시한 것이 아니고, 상상과 전설로 전해지는 이야기 세상을 그린 것입니다.

그러나 〈천하도〉에 상상의 나라만 있는 것은 아닙니다. 지도 가운데에 '中國중국'이라는 글자가 보이죠? 그 동쪽에는 朝鮮조선이 있고, 日本일본도 보입니다. 한반도에 조선이라는 나라 이름이 적혀 있는 것으로 봐서, 〈천하도〉는 조선시대에 그려진 것으로 볼 수 있습니다. 그 이전부터 전해져 오는 이야기나 지도를 보고 그린 것이지요. 아주 엉뚱한 상상이라도 아무것도 없는 데서 갑자기 솟는 건 아니니까요.

세상의 중심은 어디인가?

중국이라는 이름은 '가운데 중(中)' 자와 '나라 국(國)' 자로 이루어져 있습니다. 그러니까 중국은 '가운데 나라' 즉, 세계 중심에 있는 나라라는 생각을 담고 있는 것이죠. 그렇게 생각하는 사람이 세계 지도를 그리면 당연히 지도 한가운데 중국을 그려 넣을 것입니다.

사실 지구는 둥그니까 지구에서 딱히 '가운데'라고 할 수 있는 자리가 정해져 있지는 않습니다. 그런데도 중국 사람들은 자기 나라가 세계 한가운데이고 다른 나라들은 '변두리'에 있다고 생각했지요.

그런데 중국 사람들만 이렇게 자기중심적이었을까요? 중세 크리스트교 교인들은 예루살렘이 세계 중심이라고 생각했으며, 이슬람교 교인들은 자신들의 성지인 메카를 세계 중심이라고 생각했습니다. 고대 인도 불교와 힌두교 교인들도 인도에 있는 산을 세계 중심으로 그렸습니다. 이 밖에도 대부분 옛날 사람들은 자기가 살고 있는 나라를 세계 중심으로 생각하고, 세계 지도에 자기 나라를 한가운데 그려 넣었어요.

모든 종교에서는, 부르는 이름은 각기 다를지 몰라도, 착한 일을 열심히 하면 '천국'에 갈 수 있다는 믿음을 키우려고 노력했답니다. 예를 들어 서양 크리스트교에서는 천국을 '에덴동산'이라고 불렀습니다. 인간의 조상인

아담과 이브가 '선악과'를 따 먹은 죄로 에덴동산에서 쫓겨난 성경 이야기를 들어 보았을 것입니다. 에덴동산천국으로 가는 길을 안내하는 지도가 있다면 참 좋겠지요?

놀랍게도 크리스트교의 오래된 경전, 《성경》에는 에덴동산 위치가 나와 있습니다. 그에 따르면 세상은 네모나게 생겼고 동쪽 끝에 에덴동산이 있다고 합니다. 그리고 인간 세상으로 물을 공급해 주는 4개의 큰 강줄기가 에덴동산에서 시작된다고도 하지요. 물론 에덴동산을 땅 한가운데로 표현하지는 않았지만 모든 것이 그곳에서 시작되는 세상의 중심으로 보는 입장인 것이죠. 6세기에 코스마스라는 사람도 이 기록에 따라 세계 지도를 그렸습니다.

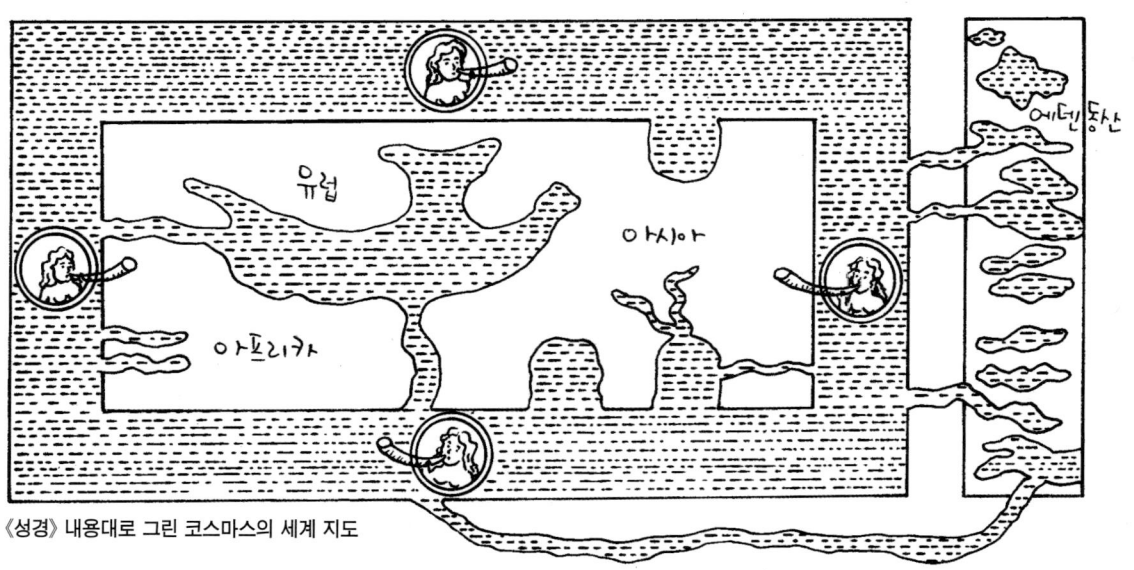

《성경》 내용대로 그린 코스마스의 세계 지도

에덴동산에서 흘러나오는 강 이름은 각각 비손, 기혼, 티그리스, 유프라테스입니다. 비손이나 기혼은 오늘날 어느 강을 일컫는지 잘 모르지만 티그리스나 유프라테스는 아직도 사용하고 있는 이름입니다. 얼마 전 큰 전쟁을 치른 이라크를 위아래로 가로지르고 있는 강들이지요.

《성경》대로라면 티그리스나 유프라테스강을 따라 상류로 계속 올라가면 에덴동산이 나타나야 합니다. 아마 옛날에는 에덴동산을 찾아 티그리스나 유프라테스강 상류로 거슬러 올라가 본 사람이 없었던 모양입니다. 그랬더라면 에덴동산을 발견했거나 아니면 강 상류에 에덴동산은 없고 또 다른 수많은 강과 산과 평야가 계속 이어지는, 엄청나게 큰 아시아 대륙이 있다는 것을 알게 되었을 텐데 말입니다.

이렇게 자신들을 세계 중심이라고 보는 생각이 너무 '바보'같은가요? 하지만 역사의 원동력이라고 할 수 있는 자부심이나 자존심을 지켜 주는 힘이 되기도 했을 것입니다.

오늘날 우리가 주로 사용하고 있는 세계 지도에는 우리나라와 태평양이 지도 가운데 있습니다. 반면, 서양 사람들이 사용하는 지도에서는 지도의 왼쪽과 오른쪽 옆으로 태평양이 나뉘어 있지요. 우리나라도 지도 중심에서 동쪽으로 멀리 떨어져 있는 '극동' 변두리 작은 나라로 표시되어 있고요. 이렇듯 오늘날에도 여전히 각 나라에서는 자기를 중심으로 세계를 바라보고 있는 셈이죠.

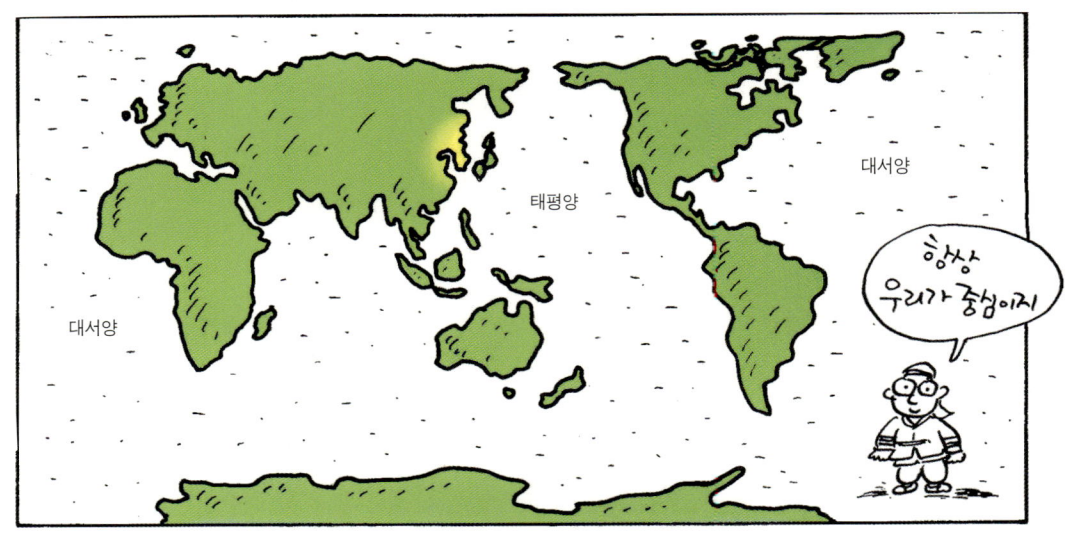

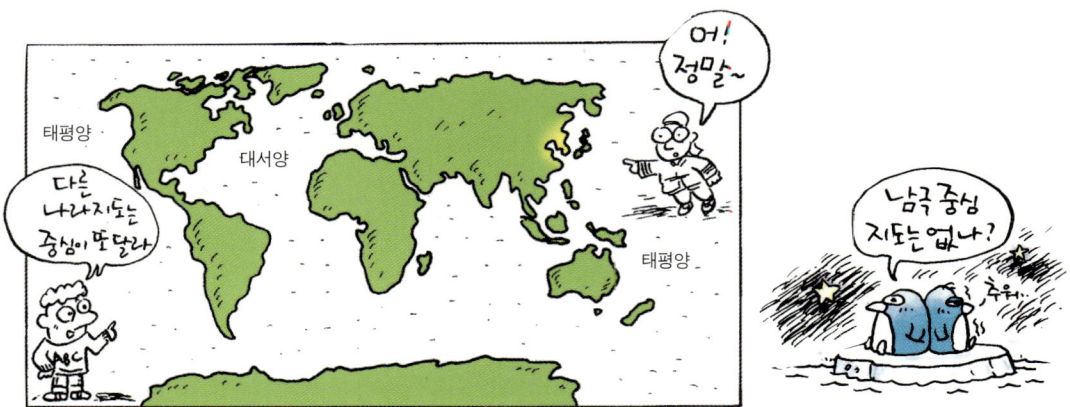

중심에 따라 달라지는 세계 지도

부처님의 손바닥, 예수님의 몸

"손오공이 뛰어 봐야 결국 부처님 손바닥 안이다."라는 말을 들어 보았나요? 여의봉을 갖고 순식간에 '동에 번쩍 서에 번쩍' 하는 손오공이 온갖 재주를 부리면서 뛰고 날고 했어도 결국 부처님 손바닥 안에서 놀고 있었다는 이야기입니다.

세계 종교들은 그들이 믿는 '신'이 이 세상을 창조한 것으로 생각합니다. '신'은 이 세상을 만들고 전체를 두루 살피는 분인데 그러자면 당연히 몸이 지구나 우주보다 훨씬 크다고 상상할 수 있겠죠. 중세 크리스트교 교인들은 부처님이 손바닥 위에 세상을 올려놓고 있다는 것과 비슷한 상상력으로 참 재미있는 세계 지도를 그렸습니다.

이 지도를 엡스토르프 지도Ebstorf map라고 합니다.

엡스토르프 지도 위아래와 양쪽을 잘 보세요. 지도에 사람 얼굴과 손발이 그려져 있습니다. 이 얼굴과 손발은 바로 예수님의 것입니다. 지도 위쪽에는 예수님 얼굴이 있는데, 그 바로 아래 아담과 이브가 서 있는 에덴동산이 있습니다. 그들을 유혹했다는 뱀도 있고, '선악과'가 열리는 지혜의 나무도 그려져 있다지요.

앞에 나온 〈천하도〉에서 중국이 세계 중심에 있듯, 이 지도 한가운데는

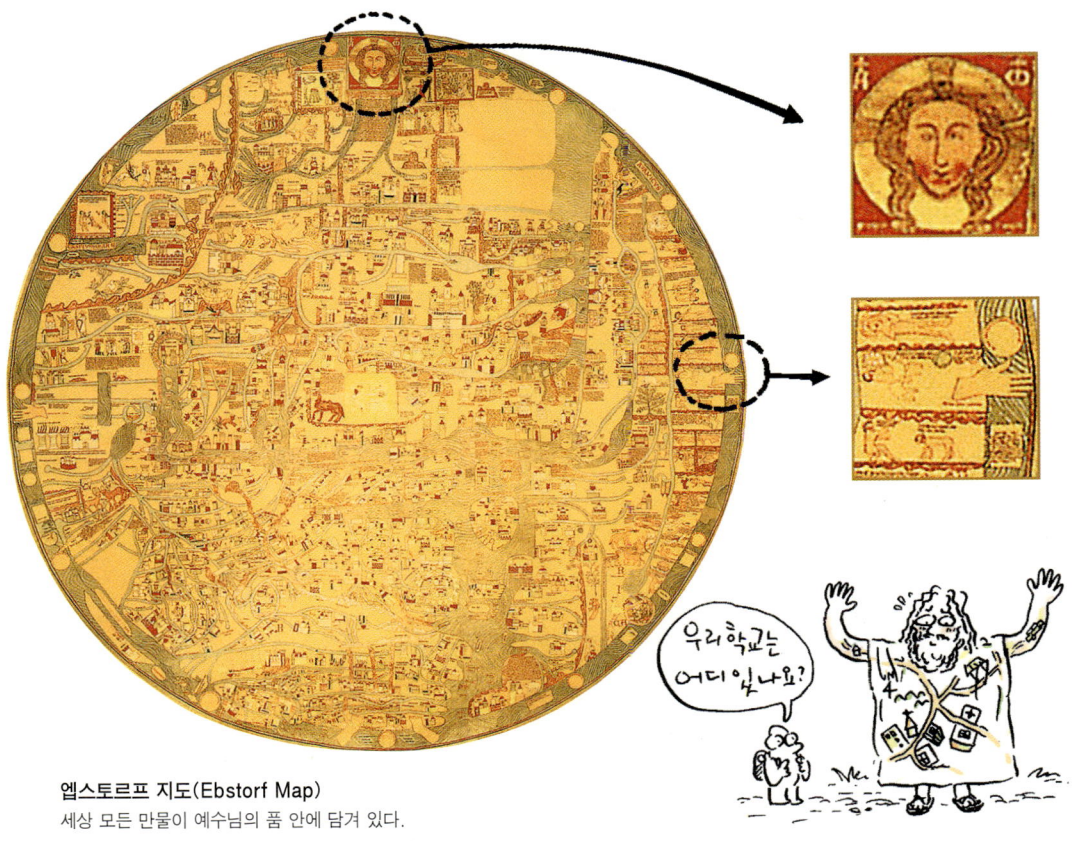

엡스토르프 지도(Ebstorf Map)
세상 모든 만물이 예수님의 품 안에 담겨 있다.

    크리스트교 성지인 예루살렘이 있습니다. 그러니까 이 지도는 세계를 예수님의 몸으로 나타낸 것입니다.
    요즘 우리가 보는 지도는 대개 지도 위쪽이 북쪽인데 반해 이 지도는 위쪽이 동쪽입니다. 중세 크리스트교에서는 에덴동산이 동쪽에 있다고 믿었거든요. 동쪽은 찬란하게 세상을 밝히는 해가 떠오르는 방향이니까

신의 나라, 천국이 있기에 가장 그럴듯한 장소일 것입니다. 그리고 천국의 권위와 중요함을 보여 주려면 아무래도 위쪽에 두는 편이 좋겠죠.

예루살렘지도 중심의 동쪽에 있는 대륙은 아시아니까 예수님 얼굴이 있는 곳동쪽 아래에 그렸습니다. 그리고 지도 왼쪽에는 유럽을, 오른쪽에는 아프리카를 그렸습니다. 유럽과 아프리카 사이에 있는 바다는 '땅 사이에 있는 바다'라는 뜻을 가진 지중해地땅 지, 中가운데 중, 海바다 해입니다. 지중해가 대서양과 만나는 곳은 지도 맨 아래쪽에 있고, 그 부분에 예수님의 고운 두 발이 그려져 있습니다.

인터넷 영문 검색 사이트에서 'ebstorf map'이라고 검색해 보면, 위 지도와 비슷한 엡스토르프 지도를 많이 볼 수 있습니다.

지도는 나라의 힘!

지도는 국가가 가진 힘을 나타내는 물건이기도 합니다. 돈도 군사력도 아닌데 지도가 한 나라의 힘을 나타낸다고요? 정확한 지도는 지리학, 천문학, 수학 등 학문적 지식이 발달하지 않고는 만들기 어렵기 때문입니다.

지도에 담아야 하는 실제 땅은 한눈에 보고 그리기에는 너무 넓고 크지요. 넓은 면적을 정확하게 그리기 위해서는 모양과 위치, 크기를 바르게 잴 수 있는 측량 기술이 있어야 합니다. 그리고 산 너머 바다 건너 멀리 어떤 동네나 나라가 있는지, 어떤 산과 강이 있는지에 대한 지식도 풍부해야 좋은 지도를 만들 수 있습니다.

다시 말해 국가의 힘이 강해야 학문과 기술이 발전할 수 있고, 이를 바탕으로 더욱 정확한 지도가 만들어질 수 있는 것이죠. 그렇게 만들어진 우수한 지도를 활용하면 나라가 더 부강해질 수 있는 거랍니다. 그래서 오랜 옛날부터 사람들은 남보다 먼저 지도를 잘 만들기 위해 서로 끊임없이 경쟁해 왔지요.

우리나라에서도 고대 사회부터 여러 가지 지도가 만들어지고 이용되었습니다. 고구려, 백제, 신라와 같이 과학 기술력이 높고 힘도 센 나라가 나타나면서 우수한 지도가 많이 만들어졌죠. 다른 나라와 전쟁을 치를 때 정밀한 지도가 없다면 승리하기가 어렵겠지요? 그리고 수도를 세울 때에도 지도가 꼭 필요했습니다. 또 어느 지역에 농사를 지을 수 있는 땅이 넉넉한지, 각 지방에서 어떤 특산물들이 많이 생산되는지, 어느 동네에 병사로 동원할 수 있는 사람이 많이 살고 있는지 등이 상세하게 그려진 지도들이 있어 국가를 잘 다스릴 수 있었답니다.

통일 신라, 고려를 거치면서는 국력도 더욱 커지고 지도도 크게 발전했다는데 안타깝게도 현재까지 남아 전해지는 지도는 없습니다. 다만 어떤 지도들이 있었다는 기록만 전해질 뿐이죠.

오늘날까지 전해지고 있는 우리나라지도 가운데 가장 오래된 것은 〈혼일강리역대국도지도混一疆理歷代國都之圖〉입니다. '혼일'은 '세계', '강리'는 '영토', '역대국도'는 '대대로 내려온 나라'라는 뜻입니다. 즉 세계 여러 나라를 상세히 표시한 세계 지도라는 의미가 됩니다.

〈혼일강리역대국도지도〉는 조선시대 초인 1402년에 만든 세계 지도로, 아래쪽에는 만든 사람과 어떻게 만들었는지를 자세히 적어 두었습니다. 만든 사람은 권근, 김사형, 이무, 이회인데 당시 매우 높은 자리에 있던 학자들입니다. 이 지도는 중국에서 만든 지도와 우리나라 지도 그리고 일본 지도를 참조하여 만든 것이라고 합니다.

현재의 세계 지도와 비교하면서 한번 살펴볼까요? 지도 맨 왼쪽에 보이는 대륙은 아프리카입니다. 대륙 모양이 지금 우리가 알고 있는

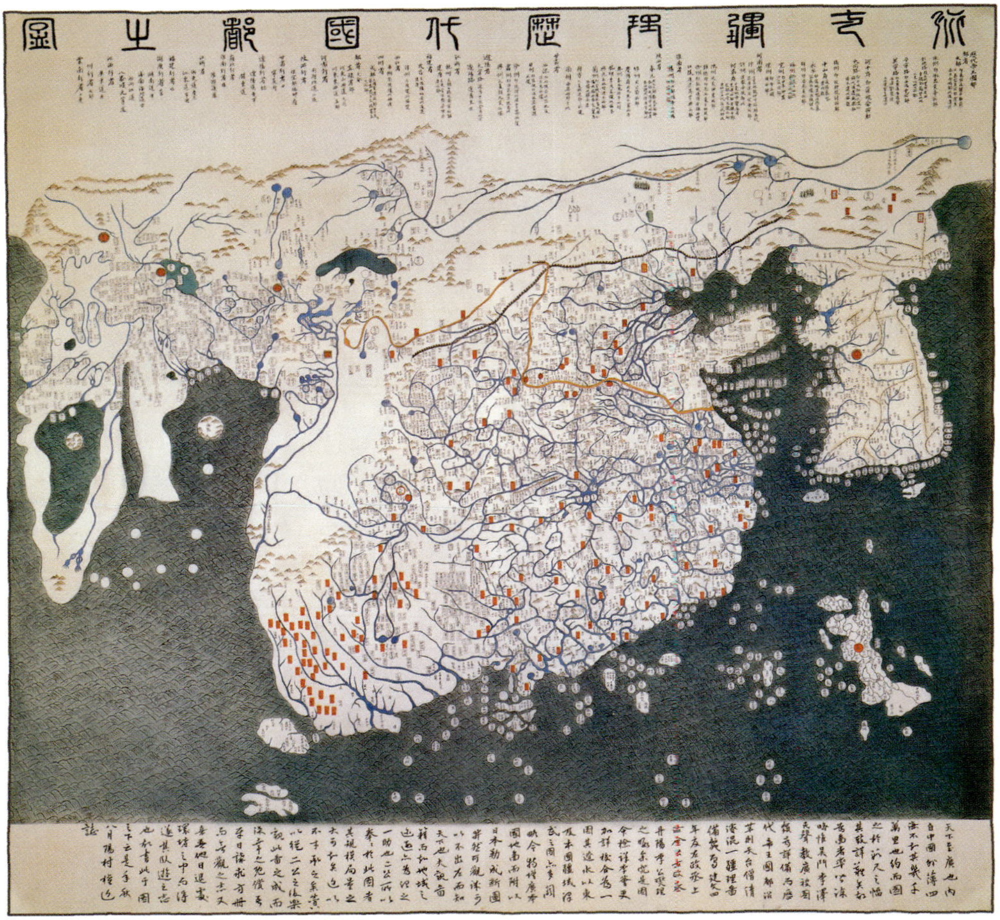

〈혼일강리역대국도지도〉 서울대학교 규장각 소장
1402년, 168×158.5cm
지도 위쪽에는 중국 역대 제왕별 수도가, 아래쪽에는
이 지도를 누가, 어떻게 만들었는지가 적혀 있다.
15세기 초 세계 지도로 가장 뛰어나다는 평가를
받고 있다.
규장각에 있는 지도는 일본에 있는 필사본을 다시
모사해 둔 것이다.

아프리카와는 좀 다릅니다. 아프리카 안에 어마어마하게 큰 바다가 있는 것으로 그려진 사실도 특이하지요. 아마 세계에서 2번째로 큰 빅토리아 호수가 당시엔 이렇게나 크게 느껴진 것이 아닐까요? 또 아프리카 대륙 동쪽으로 아라비아 반도, 인도, 인도차이나 반도 등이 있어야 하는데 오늘날 우리가 보는 지도와는 많이 달라 보입니다. 이 부분은 중국인들이 만든 지도를 참조했을 텐데, 당시 중국도 그 지역에 대해 잘 알지 못한 것 같네요.

〈혼일강리역대국도지도〉는 우리나라뿐 아니라 동아시아 전체에서 가장 오래된 세계 지도입니다. 게다가 한반도와 중국이 정교하게 그려져 있으며 유럽과 아라비아, 아프리카를 그려 넣고 140여 개에 달하는 나라 이름도 적혀 있는 등 당시로서는 가장 우수한 세계 지도였다고 합니다. 그 우수성은 이미 국제적으로도 널리 알려진 사실이지요. 그런데 아쉽게도 우리나라에는 이 지도가 있었다는 기록만 있을 뿐입니다. 이 지도를 옮겨 그린 필사본은 일본에 남아 전해지고 있습니다.

김정호에 대해 일제가 꾸며낸 거짓말

우리나라 사람 가운데 김정호를 모르는 사람이 있을까요? 그 유명한 〈대동여지도〉를 만들었으며, 최고의 지리학자였다는 사실 말입니다. 그러나 한편으로 우리는 김정호에 대해 제대로 아는 것이 거의 없다고 할 수 있습니다. 우리가 흔히 아는 김정호 이야기는 전혀 역사적인 근거가 없는 것이기 때문입니다. 일본이 우리나라를 침략했을 때 우리를 못난 민족으로 몰기 위해 꾸며낸 것이죠. 일제 침략 당시 학생들이 배우던 교과서 《조선어독본》에 실린 〈김정호전〉 이야기를 보면 그 속셈을 알 수 있습니다.

즉시 경성 서대문 밖에 집을 잡고 소설을 지어 얻은 돈으로 근근이 생계를 꾸려가는 한편, 하나둘씩 판본을 사 모아서 틈틈이 딸과 함께 지도판을 새겼다. 그렇게 다시 10여 년 세월이 걸려 이 지도판을 완성했고 비로소 인쇄하여 몇 벌은 친한 친구에게 주고 한 벌은 자기가 보관했다.
얼마 안 되어 병인양요가 일어나 자기가 보관하던 지도를 아는 대장에게 주었더니 그 대장은 뛸 듯이 기뻐하며 대원군에게 바쳤다. 그러나 대원군은 다 아는 바와 같이 척외심이 강한 어른이시라 크게 노하여 "함부로 이런 것을 만들어서 나라의 비밀이 다른 나라에 누설되면 큰일이 아니냐?"라며 그 지도판을 압수하고 정호 부녀를 잡아 가두었으니 부녀는 그 후 얼마 아니 가서 옥중 고생을 견디지 못했는지 통한을 품은 채 잇따라 사라지고 말았다.
― 일제 시대 교과서 《조선어독본》에 실린 〈김정호전〉의 일부

 이 글을 읽고 나면 '이런 훌륭한 학자를 잘 대접하지는 못할망정 그렇게 죽이는 걸 보니 대원군이 참 어리석었구나.' 하는 답답한 마음이 들 수밖에 없습니다. 우리나라 지도자들을 따르고 싶은 마음이 없어졌겠지요? 그것이 바로 일본이 교과서에 거짓 이야기를 넣은 이유였습니다.
 '개국을 반대했던 대원군은 이처럼 어리석은 사람이다. 너희는 이런 자가 하는 말을 듣겠느냐? 일본이 와서 다스리고 있으니 이런 억울한 일은 없을 것이다. 너희 조선인은 발견하지 못한 훌륭한 업적을 우리가 찾아 주었으니 얼마나 좋으냐! 그러니 앞으로 우리 일본 말을 잘 들어라.'라는 의미가 숨어 있는 것이지요.
 게다가 정밀한 정보를 담고 있는 지도 제작처럼 훌륭한 작업을 하면 나라의 비밀을 노출할 우려가 있다고 처벌하기는커녕 후한 상을 내릴 테니 먼저 자기들에게 가져오라는 뜻도 있는 것입니다.

김정호는 어떻게 살았을까?

흔히 아는 김정호 이야기가 일본이 꾸며낸 것이라면 김정호에 관한 진실은 무엇일까요? 우리가 한번 탐정이 되어 봅시다. 우선 우리가 흔히 알고 있는 김정호에 대해 의문을 던지는 것으로 시작해 보면 좋겠네요.

첫째, 김정호는 미천한 신분이었는가?

둘째, 김정호는 감옥에서 죽고 그가 만든 지도는 모두 불태워졌는가?

셋째, 김정호는 전국을 직접 돌아다니며 지도를 제작했는가?

문제를 해결하려면 가장 먼저 관련된 자료를 모아야 합니다. 아무런 자료도 없이 추측하여 말하는 것으로는 남을 설득할 수 없으니까요. 자료를 충분히 모은 다음에는 그 자료를 잘 분석하여 물음에 답할 수 있는 논리를 만들어야 합니다.

그런데 현재 김정호의 생애를 밝혀줄 수 있는 자료는 거의 남아 있지 않습니다. 그가 만든 지도와 지지地誌, 어떤 지역의 지리적 현상을 조사하고 연구하여 그 특색을 적은 책, 그리고 몇 사람이 문집에 써 놓은 김정호에 대한 글 몇 줄이 전부지요. 이렇게 자료가 부족할수록 그 자료를 잘 보고 이해하여 논리를 세우는 일이 중요해집니다. 자, 부족한 자료나마 함께 살펴봅시다.

김정호는 일찍이 재주가 많아 그림도 잘 그리고 조각도 잘했는데 특히 지리학에 깊이 빠져 여러 지도와 지리지를 깊이 고찰하고 널리 수집했고, 이를 참고하여 대동여지도를 만들었다.

유재건, 《리향견문록》 가운데 〈김정호전〉

친우 김정호는 어려서부터 지도와 지리지에 깊은 관심을 가지고 오랜 세월 지도와 지리지를 수집했고 여러 지도의 도법을 서로 비교해서 청구도를 만들었다.

최한기, 《청구도》 서문

나는 우리나라 지도 제작에 뜻이 있어 비변사나 규장각에 소장되어 있는 지도나 고가에 좀먹다 남은 지도들을 널리 수집하고 이를 비교하고 또 지리서를 참고하면서 지도들을 합쳐 하나의 지도로 만들고자 했으며 이 일을 김정호에게 위촉하여 완성시켰다.

신헌, 《대동방여도》 서문

먼저 첫 번째 의문점을 풀어 볼까요? 우선 기록에 관직이 적혀 있지 않은 걸 보니 김정호가 높은 자리에 있지는 않았나 봅니다. 높은 관직에 있었다면 다른 책에도 기록이 많이 남아 있었을 테지요. 유명한 양반 집안들 족보에도 이름이 없다고 하니 그리 높지 않은 계층 출신인 것은 분명한 듯합니다.

두 번째 의문점, 김정호는 감옥에서 죽고 그가 만든 지도는 모두 불태워졌다? 김정호가 만든 〈청구도〉, 〈대동여지도〉, 〈대동지지〉 등은 큰 손상 없이 고스란히 현재까지 보존되어 있습니다. 그리고 지도를 새긴 판목도 여러 개 남아 있고요. 또 그런 사건이 있었다면 기록이 되어 있을 《고종실록》이나 《승정원일기》 등 당시 역사를 기록한 책에도 지도를 몰수나 압수했다는 기록은 전혀 없습니다.

게다가 김정호가 죄인으로 몰려 감옥에서 죽었다면 그와 친했던 최한기나 비변사에 소장되어 있던 국가 기밀 지도를 참고하라고 준 신헌 등도 벌을 받았겠지요? 그런데 벌을 받기는커녕, 신헌은 대원군 시절에 병조판서, 공조판서를 지내고, 문집에 당당히 김정호에게 지도를 만들게 했다는 기록을 남겼습니다. 김정호가 지도를 만들어 벌을 받았다면 신헌이 굳이 자기 문집에 기록을 남기지는 않았겠지요.

마지막 의문점! 김정호는 전국 방방곡곡을 직접 돌아다니며 지도를 만들었다? 위의 기록들을 보면 김정호는 여러 자료를 수집하고 그것을 참조하여 지도를 만들었다는 사실을 알 수 있습니다.

실제로 답사를 통해 만들 수 있는 지도는 좁은 지역에 불과합니다. 또 직접 모든 지역을 답사하고 측정하여 지도를 제작하기 위해서는 엄청난 인원과 경비가 필요하지요. 그래서 이런 지도 제작 방식은 오늘날에도 혼자 하기에는 불가능한 일이랍니다.

우리 지도제작술의 집대성, 대동여지도

흔히 잘못 알고 있는 것처럼, 〈대동여지도〉는 온 나라를 직접 답사하는 것만으로 만들어진 지도가 아닙니다.

한번 직접 답사하여 지도를 그린다고 상상해 보세요. 우리나라 해안을 따라 걸으며 수십 차례 답사를 한다고 말입니다. 개미가 코끼리 등을 수만 번 오르내린다고 해도 코끼리를 그릴 수 없는 것처럼, 시야가 한정된 한 사람이 걸어다니면서 본 경치를 조합하여 국토 전체를 지도로 그리기는 정말 힘든 일입니다. 게다가 이미 있는 다른 지도를 전혀 참조하지 않고 혼자 답사하는 것만으로 정확하고 정밀한 지도를 그릴 수는 없지요.

그리고 〈대동여지도〉를 만들 당시 우리에게는 참조할 만한 좋은 지도들이 많았습니다. 국가적인 사업으로 각 지방 행정기관을 통해 수집한 자료를 모아 지도를 많이 만들었거든요. 〈조선전도〉를 비롯하여 〈동국지도〉, 〈해동여지도〉, 〈여지도〉, 〈팔도도〉 등 〈대동여지도〉보다 앞서 만들어진 정교한 고지도가 현재까지도 국립중앙박물관을 비롯하여 규장각이나 여러 대학 박물관에 400여 종이나 소장되어 있지요.

김정호는 이런 지도들을 참고하고 집대성하여 〈대동여지도〉를 탄생시킨 것입니다. 직접 답사를 하지 않고도 여러 지도와 통계자료를 연구하여

〈조선전도〉 1757년, 국립중앙박물관 소장   〈동국지도〉 18세기 중기, 성신여자대학교박물관 소장

필요한 정보를 잘 정리하면 〈대동여지도〉처럼 좋은 지도를 만들 수 있는 것이죠. 그럼 도대체 〈대동여지도〉가 최고의 지도로 꼽히는 이유는 무엇일까요?

〈대동여지도〉는 집 벽에 걸 수 있는 작은 지도가 아닙니다. 현존하는

대동여지도 목판 국립중앙박물관 소장

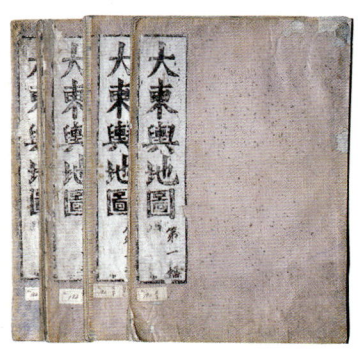

〈대동여지도〉의 각 첩을 하나씩 접은 모습
국립중앙박물관 소장, 각 첩 20×30cm

전국 지도 중 가장 큰 지도로, 전체를 펼쳐 이으면 세로 약 7m, 가로 약 4m에 이르는 대형 지도입니다. 적어도 3층 높이 이상의 공간이 있어야 걸 수 있는 크기지요. 그래서 전체를 22첩으로 나누어 만들었습니다. 보관하기도 좋고 필요한 부분만 따로 어디든 가지고 다닐 수 있고, 원하는 곳을 쉽게 펼쳐 볼 수 있게 말이죠. 예를 들어 서울에서 강릉까지 여행을 할 경우 지도 전체를 가지고 갈 필요 없이, 서울에서 강릉까지 그려진 13번째 지도만 뽑아서 가지고 가면 되는 거죠.

대동여지도의 또 다른 장점은 목판으로 만든 지도라는 것입니다. 목판 지도는 한 번 만들어 두면 계속 인쇄해 같은 지도를 여러 개 만들 수 있잖아요. 그러니 필요한 사람이면 누구나 지도를 가질 수 있게 되는 것이죠.

또 〈대동여지도〉에는 도로 위 10리마다 점을 찍어 거리를 나타냈습니다.

〈대동여지도〉
성신여자대학교박물관 소장,
1861년, 목판 인쇄, 22첩으로 구성

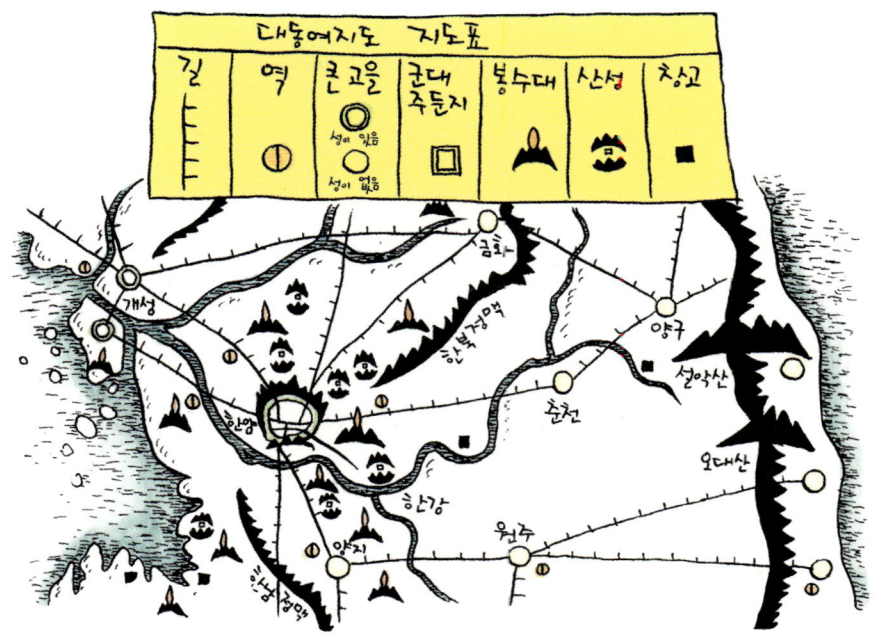

10리 점은 간격이 똑같지 않았는데 평탄한 곳에서는 10리 간격이 멀게, 산이 있는 곳에서는 가깝게 표시되어 지형 생김새까지 알 수 있게 했지요.

그리고 요즘 범례와 같은 '지도표'를 만들어 글자를 가능한 줄이고 기호로 나타내, 현대 지도처럼 세련된 모습을 하고 있습니다. 게다가 산들을 이어진 산줄기산맥로 나타내고, 산줄기를 가늘고 굵게 달리 표시해 산 크기와 높이까지 알 수 있게 하였답니다.

〈대동여지도〉가 얼마나 잘 만들어졌던지, 일제시대에 2~3백 명을 동원해 1년 넘게 조선을 샅샅이 뒤져 만든 5만분의 1 지도와 큰 차이가 없어, 일본 사람들도 크게 감탄했다고 합니다.

김정호가 위대한 진짜 이유

그렇다면 김정호가 답사를 전혀 하지 않았을까요? 아닙니다. 오히려 답사를 수없이 했을 것입니다. 참조한 여러 지도에서 서로 다른 점이 발견되었을 때는 어느 것이 맞는지 확인하기 위해 걷고 또 걸으며 확인했을 것입니다. 다만, 맨몸으로 많이 다닌다고 해서 좋은 지도가 만들어질 수는 없다는 사실과 김정호가 위대한 까닭이 몸소 힘든 여행을 많이 했기 때문만은 아니라는 걸 알고 있어야 합니다.

김정호가 위대한 진짜 이유는 일찍이 국토에 대한 기초 연구가 중요하다는 사실을 깨닫고 제대로 된 지도를 만드는 일에 일생을 바쳤기 때문입니다.

당시 지도 만드는 일은 힘만 들고 빛은 나지 않는 일이었습니다. 남이 알아주지도 않고 힘은 너무 많이 드는 일이었지만, 이전부터 전해오는 수많은 지도를 모아 놓고 묵묵히 연구하며 지도를 만드는 김정호의 멋진 모습이 눈앞에 떠오릅니다. 자신이 하는 일에 대한 한결같은 태도가 우리나라뿐 아니라 세계적으로 지도 수준을 크게 발전시킨 밑거름인 것이죠.

〈대동여지도〉 이후 김정호가 지도를 더 발전시켜 독도가 정확하게 표시된 지도를 만들었다고 상상해 보십시오. 오늘날 일본이 독도를 자기네

땅이라고 함부로 우길 수는 없지 않을까요? 이런 상상을 해보면 김정호와 같은 사람이 더욱 절실해집니다.

　알고 보면 우리 주변에도 김정호와 같은 사람이 많이 있습니다. 전 재산을 털어 세계적인 디지털 지도를 만들고 있는 '벤처가 김정호'도 있지요. 언제까지 우리도 조선 시대에 만든 〈대동여지도〉만 자랑하고 있을 수는 없지 않겠어요?

　오늘날 선진국들은 인공위성으로 세계 곳곳의 정밀 지도를 만들어 바로 보고 사용할 수 있도록 하고 있습니다. 위치 인식을 더 정밀하게 할 수 있는 하드웨어와 소프트웨어도 열심히 개발하고 있지요. 우리가 이런 장비 몇 개를 수입해 사용하는 것으로 만족한다면 김정호의 후손으로서 부끄러운 일이 아닐까요?

축척 이만큼 줄였어요

엄청나게 큰 땅덩어리를 종이 한 장에 그려 넣으려면 아주 많이 줄일 수밖에 없습니다. 그리고 같은 크기 종이 위에 세계 지도를 그려 넣으려면 우리 동네를 줄여 넣을 때보다 훨씬 많이 줄여야겠죠?
지도에는 실제 크기를 얼마나 줄여서 넣었는지 축척(줄임자)으로 표시해 둡니다. 축척에 따라 지도 위의 1cm가 실제로는 300m일 수도 있고 3,000km일 수도 있는 것이죠.

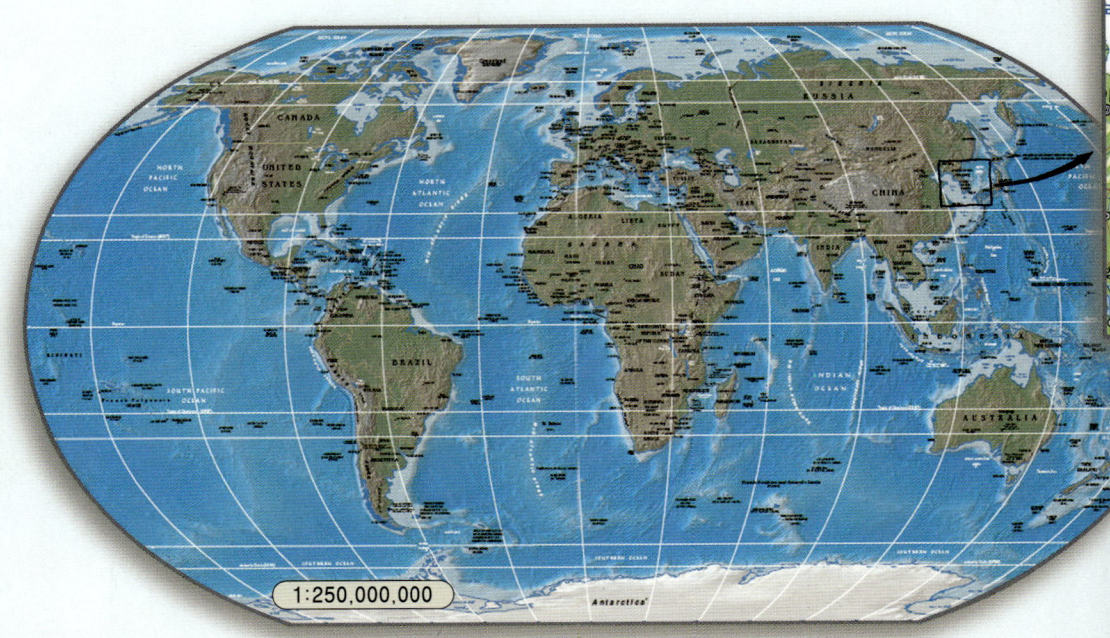

1:250,000,000

이 지도에서 1cm는 실제로 2500km(=250,000,000cm)입니다.
세계 지도입니다. 이렇게 작게 그리니 세상이 내 손 안에 있는 듯합니다.
그런데 세계 지도에서는 축척이 정확하지 않은 부분이 많다는 점을 알아두세요.

이 지도에서 1cm는 실제로
7km(=700,000cm)입니다.
우리나라 서울과 수도권 지도입니다. 여러분이
살고 있는 곳 지도와 비교해 보면서 무엇이
비슷하고 또 다른지 찾아보세요.

이 지도에서 1cm는 실제로
140km(=14,000,000cm)입니다.
우리나라와 인근 지역 지도지요. 아직 가 보지 못한
반쪽에서는 어떤 일이 일어나고 있을까 궁금합니다.

| 0 7km | $\dfrac{1}{700,000}$ | 1 : 700,000 |

여러 가지 축척 표시 단위가 따로 표시되어 있지 않으면 cm이다.

세계 지도처럼 실제보다 아주 많이 줄인 지도를 소축척 지도, 우리 동네
지도처럼 조금 줄인 지도를 대축척 지도라고 합니다.
1/250,000,000이 1/25,000보다 작잖아요. 그래서 많이 줄인 지도가
소축척입니다. 헷갈리지 마세요.

지구를 재다

에라토스테네스는 오벨리스크 그림자와 낙타로 지구 둘레를 재고,
류후이는 막대기 하나로 바다 건너 섬의 높이를 쟀습니다.
콜럼버스의 달걀처럼, 놀라운 발견은 알고 나면 너무 간단하다는
사실이 오히려 더 놀랍습니다.

지구가 둥글다는 것은 어떻게 알았을까?

지구가 둥글다는 사실을 모르는 사람이 있을까요? 그런데 대부분 책이나 텔레비전, 위성 사진 등을 보고 아는 것일 뿐, 이 사실을 혼자서 알아낸 사람은 아주 드물죠.

그럼 맨 처음 지구가 둥글다는 사실을 '발견'한 사람은 누구일까요? 콜럼버스가 배를 타고 대서양을 건너면서 지구가 둥글다는 것을 처음 발견했을까요? 콜럼버스는 15세기 후반 사람인데, 그보다 약 1800여 년이나 앞서 지구가 둥글다는 것을 알아낸 사람이 있었습니다. 바로 유명한 철학자 아리스토텔레스기원전 384~322죠! 당시 철학자들은 과학자이면서 수학자, 예술가이기도 했답니다.

아리스토텔레스는 월식이 생기는 날, 보름달 모양이 변하는 것을 가만히 지켜보다가 지구가 둥글다는 것을 눈치챘다고 하죠. 아니, 달 모양을 보고? 그 당시 사람이라면 보름달이 갑자기 줄어들면서 주위가 깜깜해지는 것을 보고는 겁을 먹기 십상이었을 텐데 말입니다.

우주선이 달에 가서 찍은 지구 사진을 보는 시대, 인공위성이 방금 찍어 보낸 사진을 인터넷에서 누구나 쉽게 볼 수 있는 시대여도 아직 월식을 잘 이해하지 못하는 사람들이 많습니다. 과학 시간에 선생님이 월식이 생기는

이유를 수없이 설명해도 말이죠. 그런데 약 2천 년 전에 벌써 아리스토텔레스는 달이 지구 주위를 돌고 있고, 달-지구-태양이 일직선으로 놓이면 월식이 생긴다는 사실을 알고 있었습니다. 세상에나!

아리스토텔레스는 월식 현상을 보고 '아하, 달에 지구 그림자가 드리워지는구나. 그런데 그림자 모양을 보니 지구가 둥근 게 틀림없어.'라는 놀라운 추론을 해냈습니다.

물론 그 이전에도 지구가 둥글다는 생각을 하지 않았던 것은 아닙니다. 그러나 아리스토텔레스와는 달리, 공 모양이 아니라 둥근 원반처럼 사방이 납작하고 판판하다고 생각했습니다. 아주 오랫동안 사람들은 지구가 네모난 판자처럼 생겼다고 믿었죠. 그런데 "여러 가지 도형 중에 가장 완전하고 이상적인 모양은 원이다. 그러니 지구 모양이 어찌 원이 아닌, 다른 불완전한 모양이겠는가?"라면서, 지구는 원반같이 생겼다고 말하는

원반 모양 세계 지도
900년경

철학자들이 나타나게 된 것입니다.

그러나 과학으로 사실을 확인하고 주장한 것은 아니었지요. 당시는 종교적인 믿음으로 모든 현상을 이해하고 해석하려던 시절이었거든요. 그러니까 원반 모양 지도는, 신이 만든 세상은 당연히 도형 가운데 가장 '완전한' 원일 것이라는 믿음에서 생겨난 것이랍니다.

천하도나 엡스토르프 지도가 세계를 원 모양으로 표현한 것도 이처럼, 지구가 둥글다는 과학적 사실을 알고 있었기 때문이 아니라 종교적 신앙에서 비롯된 것이라고 볼 수 있습니다.

지구 크기를 잰 사나이, 에라토스테네스

세계 지도를 정확하게 그리려면 우선 지구가 얼마나 큰지, 그 모양은 어떻게 생겼는지를 알아야 합니다. 아리스토텔레스와 같이 '눈치 있는' 사람이 지구가 공처럼 둥글다는 것을 발견했다고 해도, 지구 크기는 또 누가 어떻게 쟀을까요?

아리스토텔레스보다 약 100년 후에 태어난 에라토스테네스기원전 276~194가 바로 지구 크기를 알아낸 사람입니다. 그 아이디어는 하짓날 정오낮 12시, 시에네에 있는 깊고 깊은 우물물에 햇빛이 비춰 빤짝인다는 이야기를 듣고 떠올렸다지요.

요즘처럼 어디서든 수도꼭지만 틀면 물이 줄줄 쏟아지는 세상에서는 우물이 무엇인지 모르는 친구들도 많겠지요? 시에네는 오늘날 이집트의 아스완이라는 곳에 있었던 동네 이름입니다. 그곳은 물이 별로 없는 건조 지역이어서 아마도 우물이 밧줄에 연결된 물통을 한참이나 내려야 물을 뜰 수 있을 만큼 꽤 깊었을 것입니다.

그러니 그 깊은 우물 아래쪽에 햇빛이 바로 비치는 경우는 정말 드문 일입니다. 그런 사실을 너무나 잘 알고 있던 에라토스테네스는 시에네 우물에 비친 햇빛을 예사롭게 보아 넘기지 않은 것이죠.

하짓날 정오 시에네의 깊은 우물

시에네 우물에서 그런 현상이 나타나는 하짓날 정오에, 다른 곳에서도 똑같이 햇빛이 머리 위에서 똑바로 내리쬔다면 지구가 둥근 공 모양이라고 보기 어렵습니다. 지구는 둥글기 때문에 같은 시간대에 위치한 다른 지역에서는 하짓날 정오라 해도 햇빛이 비스듬히 비추어 땅에 서 있는 물체들은 그림자가 생기거든요. 에라토스테네스는 바로 그 사실을 이용해 지구 크기를 계산할 수 있었습니다.

그는 오늘날 우리가 알고 있는 경선처럼, 남북으로 일직선상에 있는 지역들은 모두 시간이 같다는 사실을 알고 있었습니다. 그래서 시에네가 정오일 때 똑같이 정오가 되는 다른 장소를 하나 찾아, 그곳에서 햇빛이 땅으로 향하는 각도를 재면 지구 크기를 알 수 있다는 대단한 생각을 해낸 것이지요. 에라토스테네스의 생각을 한번 따라가 볼까요?

그는 마침 자기가 살고 있던 알렉산드리아가 시에네와 같은 경선 위에 있다는 것을 알고, 알렉산드리아에서 큰 그림자를 만들 수 있는 물체를 찾았습니다. 그림자가 너무 작으면 최종적인 계산 값의 정확성이 낮아지기 때문입니다. 그가 찾은 것은 바로 오벨리스크기다란 돌기둥으로, 태양신을 숭배하는 사람들이 태양의 상징으로 세운 거라고 합니다. 해시계라고 보는 사람도 있죠.였습니다.

아무튼 에라토스테네스는 다시 꼬박 일 년을 기다렸습니다. 멀리 떨어져 있는 두 곳(시에네와 알렉산드리아)에서 동시에 그림자를 관찰할 수는 없었기 때문이죠. 시에네는 이제 가보지 않고도 하짓날 정오에 햇빛이 수직으로 내리비춘다는 사실을 알고 있으므로, 알렉산드리아에서 일 년에 한번 오는 하짓날을 기다린 것입니다.

드디어 하짓날, 에라토스테네스는 알렉산드리아에서 오벨리스크 그림자를 측정하여, 햇빛이 수직에서 7°12′ 정도 기울어져 비춘다는 사실을 알게 되었습니다. 이 각도는 360°의 약 50분의 1이므로, 알렉산드리아에서 시에네 사이 거리에다 곱하기 50배을 하면 지구 둘레가 된다고 판단했지요. 이제 알렉산드리아와 시에네 사이 거리가 얼마인지만 알면, 지구 둘레를 알 수 있습니다.

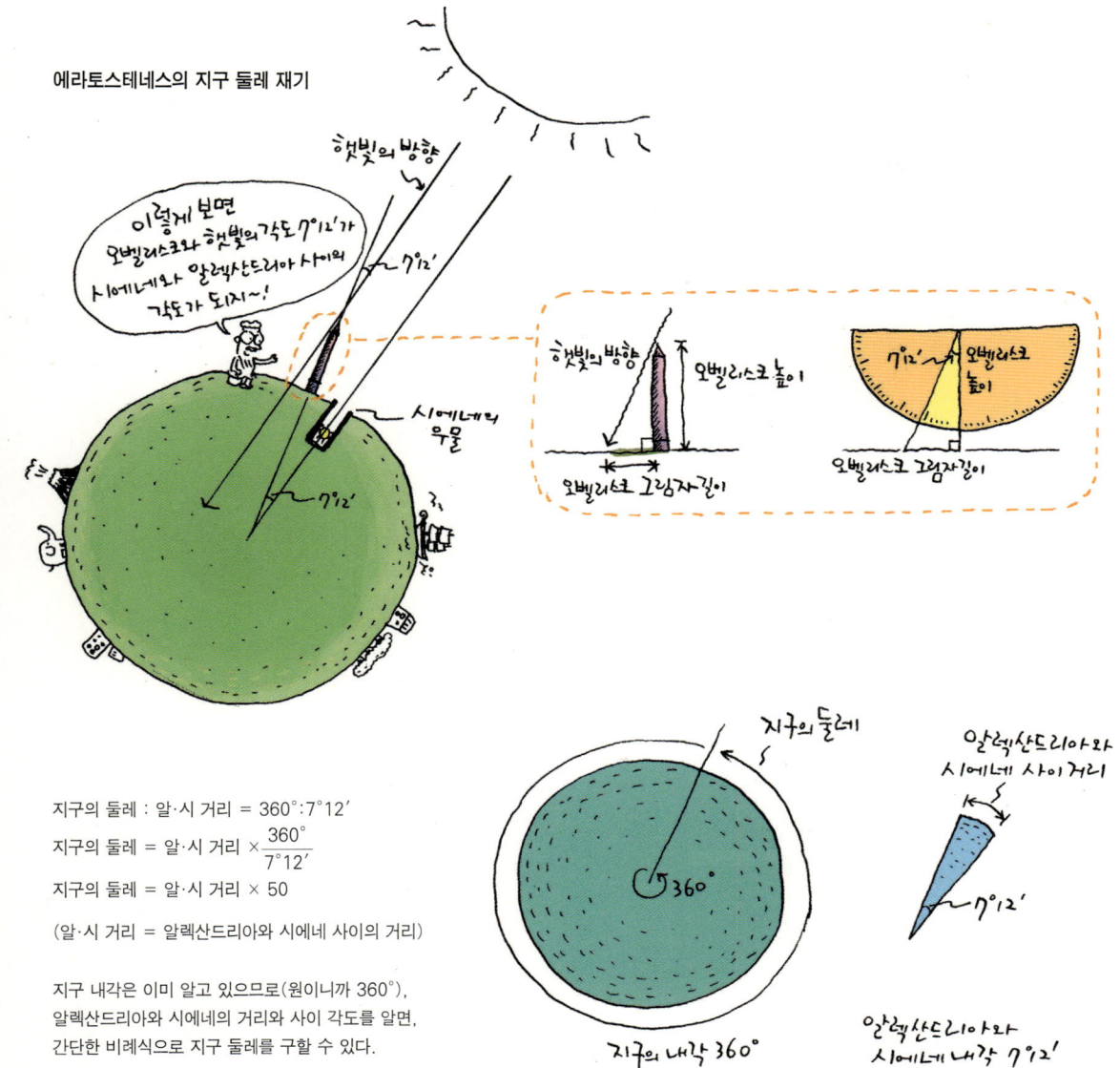

알렉산드리아에서 시에네까지

알렉산드리아에서 시에네까지 거리는 어떻게 알아냈을까요? 줄자로 쟀을 리는 없고, 둘레둘레 주위를 둘러보던 에라토스테네스의 눈에 띈 것은 당시 교통수단이었던 낙타였을 겁니다.

에라토스테네스는 먼저 낙타를 타고 하루 동안 갈 수 있는 거리가 얼마인지를 알아보았습니다. 그리고 다시 낙타를 타고 알렉산드리아에서 시에네까지 가는 데는 며칠이 걸리는지 알아보았죠.

그런데 당시에는 오늘날 우리가 사용하고 있는 '미터' 단위를 쓰지

알렉산드리아에서 시에네까지 거리
낙타가 하루에 갈 수 있는 거리(100스타디아) × 낙타로 알렉산드리아에서 시에네까지 여행한 날 수(50일) = 5,000스타디아

않았답니다. 길이 단위로 '스타디움stadium'을 썼는데, 복수가 되면 '스타디아stadia'가 되지요. 에라토스테네스는 낙타를 타고 하루에 갈 수 있는 거리가 100스타디아이고, 알렉산드리아에서 시에네까지 낙타로 50일이 걸린다는 것을 알아냈습니다. 그럼 알렉산드리아에서 시에네까지 거리는 5,000스타디아겠지요?

드디어 두 곳 사이 거리의 50배를 계산하기만 하면 지구 둘레가 나오는 것입니다. 지구 둘레는 250,000스타디아! 참으로 신기합니다. 세 숫자가 모두 곱하기에 편리한 100, 50, 50이라는 것이 말입니다.

이렇게 지구 크기둘레는 너무도 간단하게 계산되었습니다. 그런데 에라토스테네스가 측정한 지구 둘레인 250,000스타디아가 얼마나 정확한 것인지 알아보는 일은 그렇게 간단하지 않습니다. 그 당시 사용하던

스타디움이라는 단위를 지금 단위로 바꾸면 얼마인지 정확히 알기가 어렵기 때문입니다. 1스타디움이 얼마나 되는 거리인지에 대한 생각이 다 다르거든요. 학자에 따라 1스타디움을 짧게는 154m에서 길게는 215m라고 주장합니다.

1스타디움을 154m로 보면 에라토스테네스가 측정한 지구 둘레는 38,500km, 215m로 보면 그 값은 53,750km가 됩니다. 1스타디움을 157.2m라고 보는 학자도 있는데, 그 경우에는 39,300km가 되지요.

사실 지구는 축구공과 같은, 아주 동그란 구球가 아니라 적도 부분이 불룩한 타원형입니다. 따라서 적도를 지나는 원둘레가 가장 길고, 남북극을

지구는 타원형이라서 적도를 지나는 둘레가
남북극을 지나는 둘레보다 길다.

지나는 원둘레는 그보다 짧지요. 에라토스테네스가 측정한 원둘레는 남북극을 지나는 것인데, 실제로 그 원둘레는 40,008km입니다.

　1스타디움을 오늘날 미터법으로 바꿀 때 157.2m라고 한다면, 에라토스테네스가 측정한 지구 둘레는 오늘날 우리가 측정한 값과 거의 차이가 없습니다.

　혹시 스타디움을 얼마로 보느냐에 따라 에라토스테네스가 측정한 지구 둘레의 정확도가 떨어진다고 실망하는 사람은 없기 바랍니다. 에라토스테네스가 지구 둘레를 잰 200년 뒤에 지구 크기를 다시 계산한 스트라보기원전 64~서기 23나 또 그로부터 100년 후쯤 계산한 프톨레마이오스약 100~170는 정확성이 훨씬 더 떨어졌거든요.

　에라토스테네스에게서 낙타 걸음으로 측정한다는 과감한 발상을 배워보는 것이 어떨까요? 낙타로 거리를 재는 것은 무수히 어려운 일이 생길 것을 의미하죠. 낙타가 마음대로 움직이지도 않았을 것이고, 낙타에 따라 걸음 속도도 다를 것이며, 같은 낙타일지라도 하루에 갈 수 있는 거리가 매일 일정하지는 못했을 겁니다. 그렇지만 다른 뾰족한 방법이 없던 시절, 그런 과감한 방식을 생각해냈다는 사실이 놀라울 뿐입니다.

세계 지도 그리기는 너무 어려워

지구를 잰 사나이, 에라토스테네스는 유명한 지리학자입니다. 지리학이라는 이름도 그가 처음 만들어냈지요. 지리학은 영어로 지오그래피geography인데, 지오geo는 '땅', 그래피graphy는 '서술하다, 기록하다'라는 뜻을 가지고 있습니다. 그래서 이 둘을 합친 지오그래피는 '땅의 모습을 잘 표현하여 서술하는 학문'이 됩니다.

에라토스테네스는 지구 크기를 상당히 정확하게 잰 것만으로도 모자랐는지 세계 지도도 그렸답니다. 그런데 세계 지도를 정확하게 그리는 일은 지구 크기를 재는 것만큼 만만하지 않았나 봅니다. 지구 크기는 훌륭한 아이디어와 간단한 계산만으로 알아낼 수 있었지만, 지도를 그릴 때에는 매우 많은 정보가 필요하기 때문이지요.

우선 에라토스테네스가 그린 세계 지도를 한번 볼까요? 커다란 가재처럼만 보이고 어디가 어딘지 알아보기 힘듭니다. 찬찬히 들여다보니 지도 왼쪽에 장화처럼 생긴 이탈리아가 보이네요. 그 아래 바다는 지중해일 테고, 나머지 부분은 영 이상해 보이네요.

지중해 남쪽으로는 아프리카 대륙이 있어야 하는데, 아! 리비아라고 쓰인, 고깔 모양 대륙이 있습니다. 유럽 북부도 지금 지도와 많이 다르고,

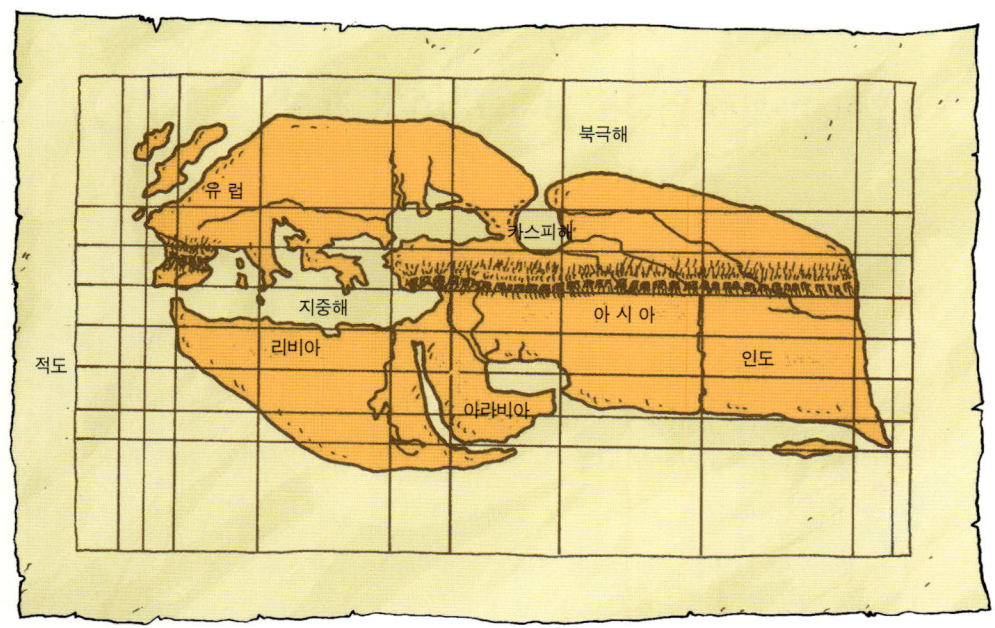

에라토스테네스의 세계 지도

카스피해 북쪽으로 러시아 지역은 아예 없고 바로 북극해가 있습니다. 고깔 모양 아프리카 옆에 아라비아반도는 꽤 비슷하게 그려져 있네요. 반면, 지도 오른쪽 아시아라고 적힌 부분에는 인도만 커다랗게 있고, 우리나라를 포함한 동쪽 나라들은 아예 찾아볼 수가 없군요.

에라토스테네스는 지구 크기를 재고, 경위도선과 비슷한 선까지 그리면서 지도를 정확하게 만들려고 노력했지만, 자신이 잘 모르는 지역을 지도에 그릴 수는 없었던 것입니다. 이보다 더 정확한 세계 지도가 나오기까지는 미지의 세계를 향해 수많은 사람들이 목숨을 건 탐험을 떠나야 했습니다.

류후이, 가보지 않고도 거리와 높이를 재다

지도에는 등고선과 산 높이도 표시되어 있습니다. 그런데 산 높이는 또 어떻게 알 수 있을까요? 지도책 뒤에 보면 주요 산들의 높이를 적어 놓은 표가 있습니다. 너무나 당연한 이야기지만 누군가 산 높이를 쟀기 때문에 알 수 있는 것이겠죠.

그럼 처음으로 산 높이를 잰 사람은 어떻게 했을까요? 산 정상에 올라가 보면 높이를 알 수 있을까요? 요즘에는 높이를 재는 기계고도계를 들고 산으로 올라가면 자기가 서 있는 곳 높이를 알 수 있다고 합니다. 그런 장비가 없었던 때는 말할 것도 없고, 우리도 그런 장비가 없다면 산 위에 올라간다고 해서 높이를 알 수는 없을 겁니다. 그런데 세상에는 참으로 놀라운 일을 해내는 사람들이 많습니다. 지금으로부터 1700년 전, 중국인 류후이도 그 가운데 한 사람이었습니다.

그는 먼저 바다 가운데 있는 섬까지 거리를 측정하는 방법을 알아냈습니다. 육지에 있는 두 장소의 거리는 비교적 쉽게 잴 수 있지만, 바다 위 거리를 잰다는 것은 난감했던 시절에 말입니다. 그리고 같은 방법으로 섬 높이도 알아낼 수 있었습니다.

먼저 수학 시간에 배웠던 내용을 떠올려 볼까요? 다음 그림의 삼각형에서

a1:a2 = b1:b2 라는 식이 성립한다는 사실 말입니다.

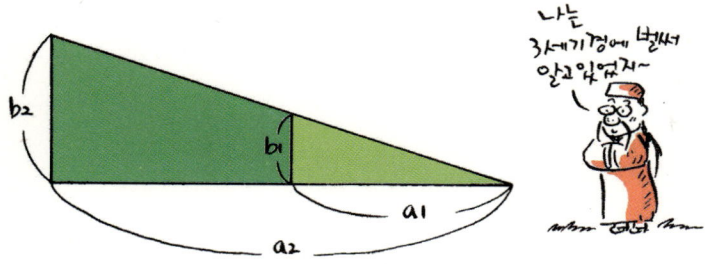

지금 보면 간단한 논리 같지만, 그 옛날 처음으로 그런 '비법'을 떠올리는 건 놀라운 일이지요. 류후이는 그 원리를 이용하여 섬 높이와 섬까지 거리를 계산할 수 있었습니다.

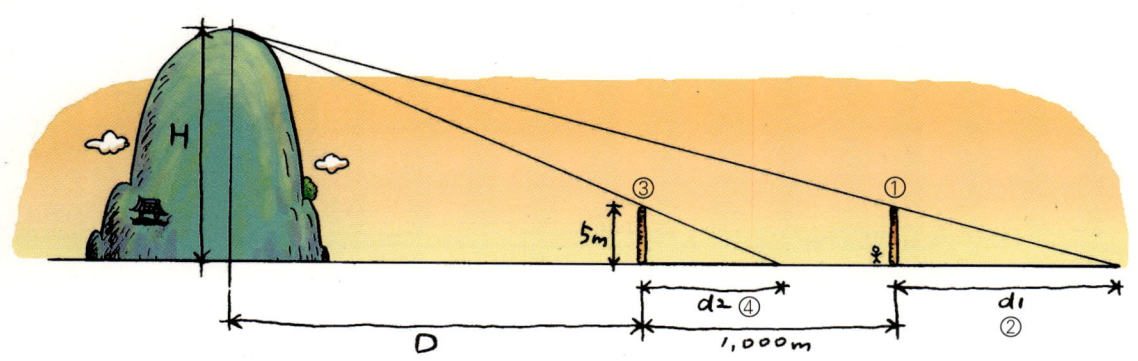

섬까지 거리와 섬 높이 재기
① 섬이 보이는 한 장소에서 긴 막대기를 이용해 섬의 꼭대기와 막대기 끝을 연결하는 선이 땅(지면)과 만나는 점을 찾습니다.
② 그 점에서 막대기가 서 있는 지점까지의 거리(그림의 d1)를 잽니다.
③ 같은 막대기를 가지고 섬쪽으로 일정한 거리(여기서는 1,000m)를 이동합니다.
④ ①과 같은 방식으로 d2 거리를 잽니다.

막대 길이가 5m, 처음 막대기를 세운 지점과 두 번째 막대기를 세웠던 지점까지의 거리를 1,000m라고 해 봅시다. 그리고 섬 높이를 H, 두 번째로 막대기를 세운 지점에서 섬 가운데 지점까지 거리를 D라고 해 봅시다. 그러면 다음과 같은 식이 성립됩니다.

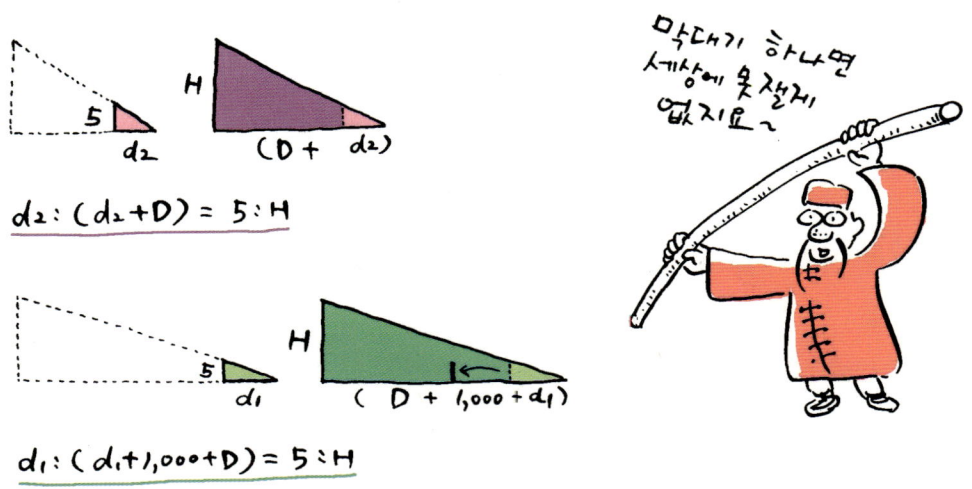

$d_2 : (d_2 + D) = 5 : H$

$d_1 : (d_1 + 1,000 + D) = 5 : H$

위와 같은 두 비례식이 있으면, d_1과 d_2는 이미 재 두었으니, 섬 높이(H)와 두 번째 막대기에서 섬까지의 거리(D)를 쉽게 구할 수 있습니다.

각도만 재면 거리를 알 수 있다

학교 운동장에서는 멀리 산이 보입니다. 어느 날 친구가 묻습니다.

"여기서 저 멀리 보이는 산까지 거리가 얼마나 될까?"
"그걸 내가 어떻게 알아?"   "……."

지리에 관심이 많은 사람이라면 인터넷에서 지도를 찾아 거리를 계산해 볼지도 모르겠습니다. 그런데 그 자리에서 바로 알아볼 수 있다면 무척 놀랍겠죠? 저 멀리 있는 산까지 가보지 않고 운동장에서 척 알아낼 수 있다면 말입니다.

물론 앞에서 살펴본 류후이 방식으로도 알 수 있습니다. 그런데 고맙게도 류후이 것보다 더 간단한 방법을 고안해 낸 사람이 있습니다. 바로 1500년 경에 살았던 아비아누스입니다.

아비아누스는 멀리 있는 지점까지 거리를 바로 측정하기보다는 '지금 위치(그림에서 A)'에서 쉽게 거리를 잴 수 있는 지점(그림에서 B)을 한 곳 정한 다음, 우선 그 두 지점 사이 거리를 쟀습니다. 그리고 나서 이 두 곳(A와 B)에서 각각 거리를 재고 싶었던 먼 곳(그림에서 C)을 바라보면서 '각도'를 측정하면 그곳까지 거리를 알 수 있다는 것이죠.

간단히 해 보는 삼각 측량

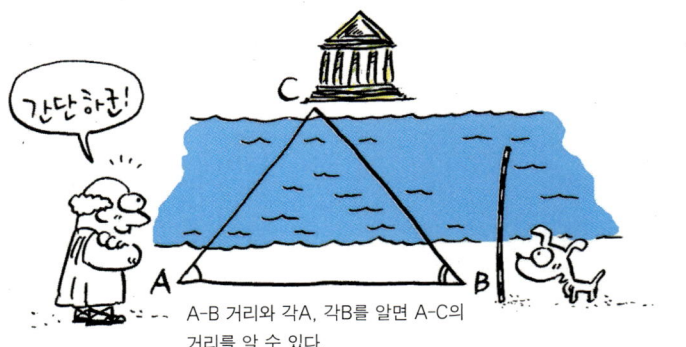

A-B 거리와 각A, 각B를 알면 A-C의 거리를 알 수 있다.

① A와 B 사이의 거리를 재서 그려넣고

A-B 거리를 축소하여 종이에 그린다.

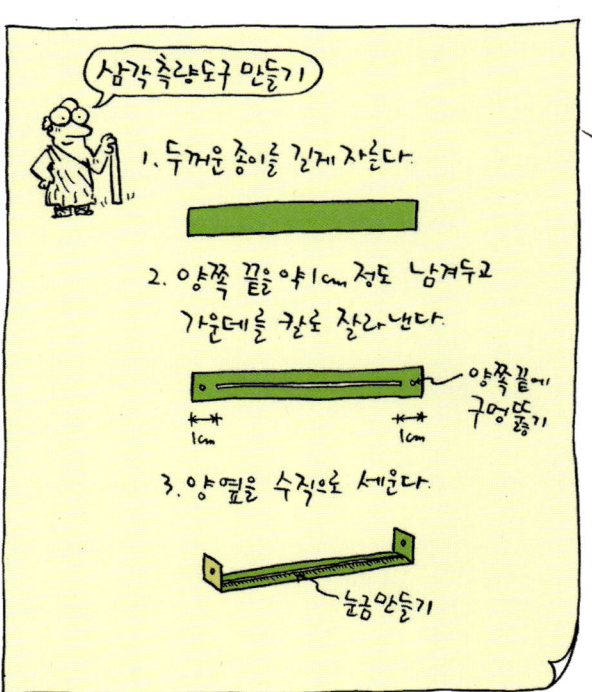

② A로 가서 C를 바라보며 자의 가운데 홈을 따라서 직선으로 그린다.

③ 다시 B로 가서 C를 바라보며 같은 방식으로 직선을 그린다.

두 직선이 서로 만나는 점이 C의 위치가 된다.
A-C 거리를 재고, 축소한 비율로 다시 확대하면
A-C 간 실제 거리를 구할 수 있다.

그는 가까운 A와 B 사이 거리도 쉽고 정확하게 계산하는 방법을 알아냈습니다. 다음 그림과 같이 멀리서도 눈금을 잘 볼 수 있는 막대를 B지역에서 한 사람이 수직90도로 들고, 각A를 재면 끝이죠. 막대 길이를 알고

A와 B 사이의 거리 재기

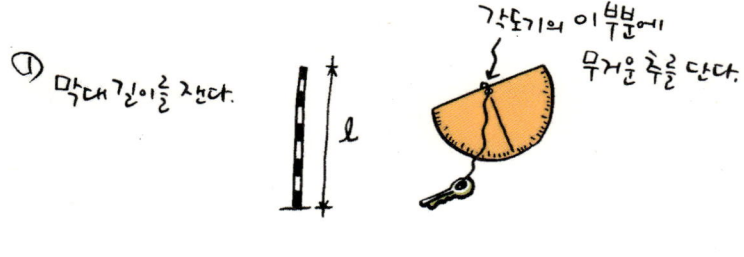

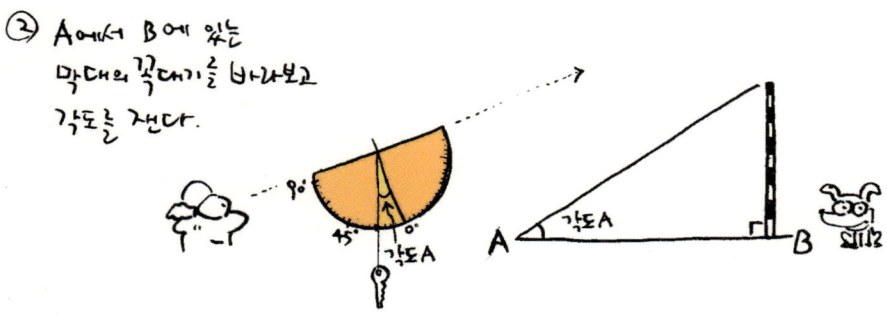

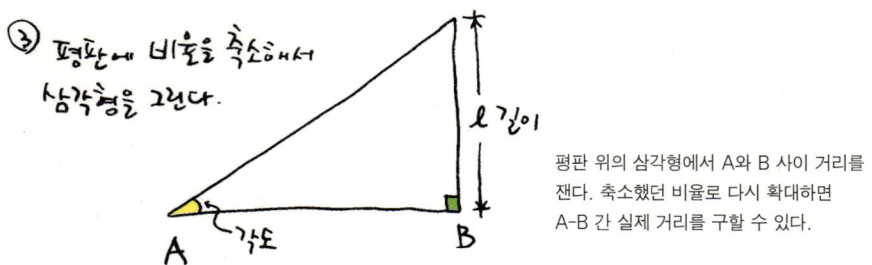

평판 위의 삼각형에서 A와 B 사이 거리를 잰다. 축소했던 비율로 다시 확대하면 A-B 간 실제 거리를 구할 수 있다.

있고, 막대와 A-B 선이 이루는 각수직=90도과 각A를 알고 있으니 앞과 같은 방법으로 A-B 거리를 알아낼 수 있는 것입니다.

이렇게 한 변과 두 각을 측정하여 삼각형을 그리면, 나머지 두 변의 길이가 바로 종이에 정확하게 그려지니까 두 변의 길이를 쉽게 알 수 있는 것입니다.

이런 방법을 어려운 말로 '삼각 측량'이라고 부릅니다. 거리를 측정할 때 아주 유용한 방법이죠. 그 원리를 다시 요약하면, "정해진 두 기준점 사이의 거리를 재고 각 지점에서 제3지점을 보고 그 각을 재면, 제3지점까지의 거리를 계산할 수 있다."입니다.

아비아누스의 아이디어는 이처럼 간단하지만 각을 재는 것은 거리를 재는 것보다 쉽고 동시에 정밀하기도 합니다. 콜럼버스의 달걀처럼, 놀라운 발견은 알고 나면 너무 간단하다는 사실이 오히려 더 놀랍지 않습니까?

카시니 집안 4대에 걸쳐 완성한 프랑스 지도

삼각 측량법이 알려진 후 "그렇게 하면 정확한 지도를 만들 수 있겠네."라고 말하는 사람은 많았어도 직접 해 보려고 나서는 사람은 없었답니다. 전국 방방곡곡을 다니면서 산이나 강, 길과 마을을 일일이 측정하여 지도를 만드는 일은 생각만 해도 너무 고생스러운 일이거든요. 우리나라에서 그런 사람이 나타났더라면 세계 역사가 달라졌을지도 모르는데 말이죠.

그런 사람이 나타난 곳은 프랑스였습니다. 자크라는 사람이 프랑스 국토를 삼각 측량하기 시작하였던 것입니다. 그의 아버지, 조반니 도미니크 카시니 1625~1712는 유명한 천문학자였는데, 프랑스 지도가 발전할 수 있는 기초를 마련한 사람입니다.

자크는 아버지 영향을 크게 받았고, 자크의 아들인 세자르도 프랑스 측량하는 일을 이어 갔습니다. 자크가 죽은 뒤 세자르는 프랑스 전 국토를 담은 지도를 거의 완성했지만 안타깝게도 지도 몇 장을 끝마치지 못하고 세상을 떠났습니다. 마무리하지 못한 지도는 세자르의 아들이 완성하였답니다.

이렇게 카시니 집안 4대에 걸친 헌신적 노력으로 프랑스는 세계 최초로 삼각 측량법을 써서 정밀하게 만든 전국 지형도를 갖게 되었습니다. 이

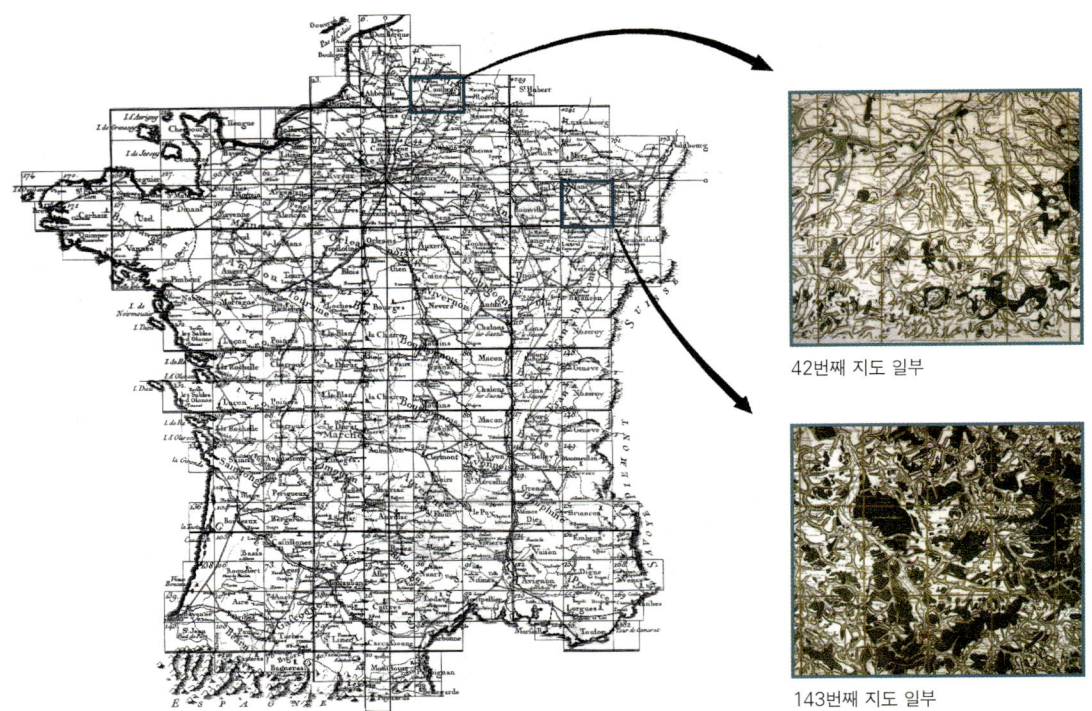

세계 최초 삼각 측량 프랑스 지도 182장으로 구성, 축척 1:86,400

42번째 지도 일부

143번째 지도 일부

    지도는 축척이 1 : 86,400로 매우 상세한 지형도이고, 분량도 182장이나 됩니다. 100년이 훨씬 넘게 걸려 완성된 것이죠.

    그리고 삼각 측량으로 지형도를 만들다 재미있는 사실도 발견하게 되었습니다. 이전까지만 해도 지구는 둥글다고만 알고 있었습니다. 그런데 정확히 측량을 해 보니 지구는 완전히 동그란 게 아니라 남북이 짧고 적도 부분이 불룩 튀어나온 타원체일 가능성이 높다는 사실을 발견한 것입니다.

아니 그럼, 프랑스만 측량한 게 아니라 지구 전체를 측량했던 것일까요?

지구 둘레를 다 재어 보지 않고도 지구가 타원체임을 알려 주는 '증거'는 쉽게 찾을 수 있습니다. 지구가 완전히 동그랗다고 하면, 같은 경선 위에 있고 위도가 1° 차이 나는 두 지점 사이 거리는 어디서나 같아야 합니다. 그런데 파리를 통과하는 경선을 중심으로 삼각 측량을 한 결과, 파리 남쪽에서 잰 위도 1° 길이는 북쪽에서보다 길다는 것을 발견한 것입니다. 몇 번을 재도 결과는 같으니까 지구는 적도 부분이 불룩한 타원체가 아닐까 의심하기 시작한 거죠.

그 사실을 더 알아보기 위해 프랑스는 지구 남반구에 있는 페루와 북극지방에 가까운 라플란드에 측량대를 파견해 여러 곳에서 위도 1°의 길이를 측정하였습니다. 그 결과 지구는 남북이 짧은 타원체라는 사실을 확인할 수 있었답니다.

죽을 때까지도 완성하기 힘든 일을 '무모하게' 시작한 사람이 나타나고, 4대를 이어가며 그 뜻을 완성한 이 이야기는 한 편의 영화 같기만 합니다. 카시니 집안 사람들이 4대를 걸쳐 했던 측량을 여러 팀이 나누어 맡아 하면 시간을 줄일 수 있겠지요? 그런데 문제는 돈이 너무 많이 든다는 것입니다. 국토를 전부 측량하여 정밀한 지도로 만드는 일은 많은 전문 기술자가 필요하고 돈도 많이 들기 때문에 세계에서 몇 나라만이 할 수 있는 일이었습니다.

우리나라는 대한제국 말엽인 1909년에 정밀 지형도 제작을 시작했으나

일본이 침략하는 바람에 뜻을 이루지 못하고 말았습니다. 참 억울한 일이지요. 우리나라를 점령한 일본은 우리 자원과 토지를 효과적으로 빼앗고 지배하기 위해 한반도 전체 지형도를 만들었습니다. 이 지도 제작은 1914년에 시작, 약 4년이 걸려 완성되었습니다. 축척이 1:50,000인 지형도로, 분량이 722장에 이르는 방대한 지도입니다.

일본이 욕심을 채우기 위해 만든 지도라서 그런지 그 지도가 마냥 반갑지는 않습니다. 하지만 그 지도들은 당시 우리나라 국토 모습을 보여 주는 좋은 자료이므로, 보기 싫다고 무시하는 것보다는 현명하게 연구 자료로 활용하는 것이 바람직하겠지요? 이런 아픈 역사를 극복하는 방법도 우리가 연구를 더 열심히 하는 길뿐이니까 말이죠.

등고선
산 높이와 생김새를 판판한 종이에 어떻게 그릴까?

옛날부터 지도를 만드는 사람들은 복잡하게 튀어나왔다 들어가고, 높았다가 낮았다가 하는 땅을 평평한 지도로 어떻게 나타내면 좋을까 고민했습니다. 그러다 같은 높이에 있는 지점을 선으로 죽 이은 등고선(等 같을 등, 高 높을 고, 線 줄 선)을 발견했답니다.

등고선은 땅에 같은 높이를 이은 선들이 있다고 상상하고, 그것을 위에서 내려다보는 것으로 생각하면 쉬워요.

1 여기 동그랗고 귀여운 산이 있습니다. 등고선을 써서 이 산을 지도에 그려 볼 거예요.

2 바다에서부터 같은 높이에 있는 점들을 죽 이은 등고선이 있다고 상상해 보세요.

3 그리고 이 산을 하늘에서 쳐다본다면? 짠, 바로 이렇게 보이겠죠!

  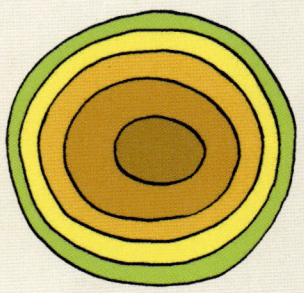

잠깐! 등고선은 색이나 선으로만 그리기도 해요.

 →

색등고선

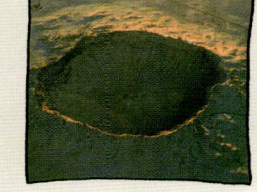 →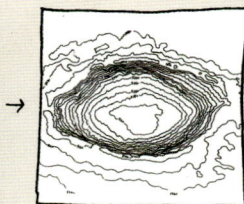

선등고선

몇 개 더 살펴볼까요?

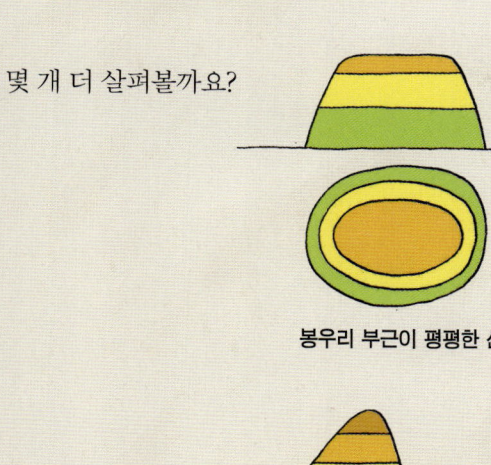

봉우리 부근이 평평한 산

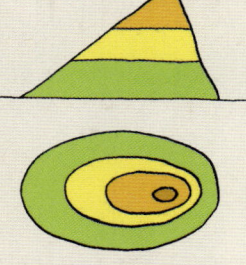

오른쪽 경사가 심한 산

높이가 다른 봉우리가 2개인 산

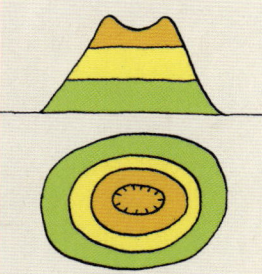

꼭대기가 움푹 팬 산

마지막으로 실제 지형과 비슷한 등고선을 하나 볼까요?

복잡해 보이지만 찬찬히 생각해 보면 A 지점처럼 등고선이 불룩하게 나온 곳은 산이 바깥으로 뻗어 나왔다는 것이고, B 지점처럼 움푹 들어간 곳은 산이 안으로 들어간 계곡이라는 거죠. 그리고 양쪽에 봉우리가 2개 있네요. 이 등고선을 실제 산 모양으로 바꾸면 아래 그림과 같을 거예요.

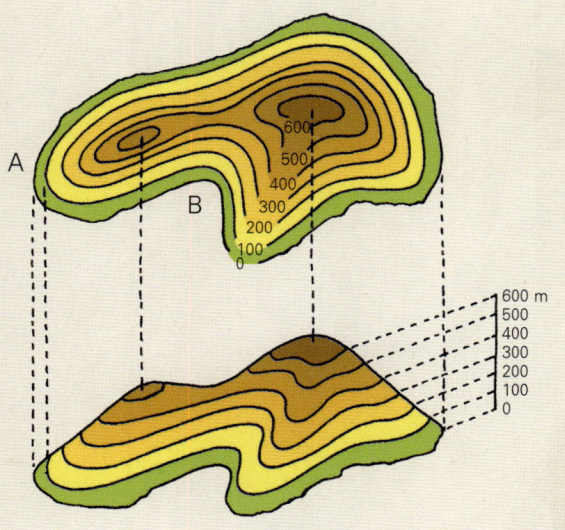

지도 위 상상의 선들

사람들은 아주 오래 전부터 지구에 가로줄과
세로줄을 그어 두고, 각 지점의 위치를
가로줄 값과 세로줄 값으로 표현하였답니다.
그것이 바로 위도와 경도입니다.

위도와 경도는 왜 필요한가?

세계 지도를 보면 세상을 위아래, 좌우로 가로지르는 선들이 있습니다. 위도(선)과 경도(선)지요. 이번엔 도대체 위도와 경도가 무엇인지 알아볼 차례입니다.

나는 지금 배를 타고 태평양 어디쯤엔가 있습니다. 바람도 시원하고 파도도 알맞게 높아 아주 기분이 좋네요. 가만있자, 그런데 주위를 아무리 둘러봐도 바다뿐이군요. 친구에게 전화를 겁니다. 내가 있는 곳을 설명하고 싶은데 어떻게 하면 좋을까요?

시내에서 전화로 '내 위치'를 알릴 때는 상대방도 알고 있을 만한 '표지물 랜드마크'을 말하면 됩니다. 표지물은 눈에 잘 띄어 많은 사람들이 서로 잘 알고 있는 것입니다. 서울에 있는 남산 타워나 63빌딩, 서울시청, 경복궁 등 유명한 건물이나 역사 문화 유적이 서울의 표지물이라고 할 수 있겠죠. 지하철역이나 이름 있는 사거리도 표지물이 될 수 있습니다. 시골길에서는 눈에 잘 띄는 큰 바위나 나무일 수도 있겠지요.

그런데 바다 한가운데서는 사방을 둘러보아도 출렁이는 물뿐인데 '내가 있는 위치'를 어떻게 알릴 수 있을까요?

"부산에서 하와이 가는 길인데, 출발한 지 10일째니까 대충 짐작해 봐!"

"물빛이 아주 짙푸른 색이고 가끔 돌고래가 보여!"

그렇게 말하면 친구가 태평양 어디쯤에 내가 있는지 지도에서 찾을 수 있을까요? 만약 집채만 한 파도가 들이치고 셀 수 없이 많은 상어들이 배를 흔들어 대는 상황이라면 더욱 난감하겠죠. 도대체 구조대가 그 넓은 태평양 어디에서 내 배를 찾을 수 있단 말입니까?

다행히도 내가 지구 어디에 있든지 누구나 내 위치를 쉽게 알 수 있는 '좌표값'이 있습니다. 사람들은 아주 오래 전부터 지구에 가로줄과 세로줄을 그어 두고, 각 지점의 위치를 가로줄 값과 세로줄 값으로 표현할 수 있도록 만들었답니다. 그것이 바로 위도와 경도입니다.

별을 보고 위도를 알다

요즘은 위성 위치 확인 시스템GPS, global positioning system이라는 장치를 가지고 있으면 어디서나 쉽게 위도와 경도를 파악할 수 있습니다. 그렇다 해도 평소에 지금 있는 곳의 위도와 경도를 궁금해하지는 않습니다. 친구와 전화하면서 "지금 있는 곳, 위도와 경도가 얼마냐?" 라고 물어볼 일은 거의 없잖아요? 설령 위도와 경도 값을 알려 준다 해도 그 값을 가진 장소가 어디인지 아는 일도 쉽지는 않습니다.

혹시 지피에스GPS가 장착된 자동차를 타 보거나 지피에스 기능이 있는 휴대전화를 사용해 본 적이 있나요? 대개 화면에는 지금 있는 곳의 위도와 경도 값이 나타나지 않습니다. 상세한 지도에 바로 현재 위치를 화살표로 보여 주지요. 하늘 위에 높이 떠 있는 인공위성이 현재 위치의 위도와 경도 값을 알려 주면, 장치는 지아이에스GIS라고 부르는 지도 정보와 대조하여, 사용자가 이해하기 쉽게 지도와 화살표로 보여 주는 것입니다. 참 편리해졌죠?

그럼 이런 장비가 없던 시절에는 어떻게 위도를 파악할 수 있었을까 궁금해집니다. 사실 보통 사람들이 다니는 곳이라고 해 봐야 어릴 때부터 계속 살아온 동네가 다였을 텐데, '내가 지금 어디에 있나? 여기 위도는

얼마일까?' 고민하지는 않았을 테지요.

하지만 바다에서 배를 타고 살아가던 사람들 사정은 달랐습니다. 넓디넓은 바다 가운데서는 '여기가 어디쯤일까? 이러다가 길을 잃는 것은 아닐까?'라면서 몹시 불안했을 겁니다. 그래서 위치를 알 수 있는 기술이 개발되기 전에는, 바닷가가 보이는 데까지만 배를 타고 나가 해안선을 따라 항해를 했지요. 그러다 보니 먼 바다에 나가고 싶어 답답해하는 사람들도 생겨났습니다.

옛말에 '답답한 사람이 우물 판다'는 말이 있지요. 큰 배를 만드는 기술이 점점 좋아지면서 먼 바다를 항해하고 싶어 하는 사람들이 늘어나자, 바다 위에서도 '길'을 잃지 않고 위치를 알 수 있는 기술이 개발되었습니다.

바다에서는 사방을 둘러보아도 위치를 알아볼 '기준'을 찾기가 어렵기 때문에, 사람들은 자연스럽게 별을 보고 '답'을 찾으려고 했습니다. 그러다 북극성이라는 별이 '변하지 않는 자리'에 있다는 사실을 발견하게 되었습니다. 그리고 북극성을 바라보면서 '각도'를 재면 위도를 쉽게 알 수 있다는 사실도 알게 되었지요.

북극성이 어디에 있는지도 모른다고요? 북반구에서 간단하게 북극성을 찾는 법이 있습니다. 눈에 잘 띄는 국자 모양의 북두칠성을 먼저 찾으세요. 그리고 그림처럼 a별과 b별 사이 거리를 5배쯤 늘려 보면 밝게 빛나는 별이 있는데 이것이 북극성입니다. 이 북극성의 방향은 언제나 북쪽이죠.

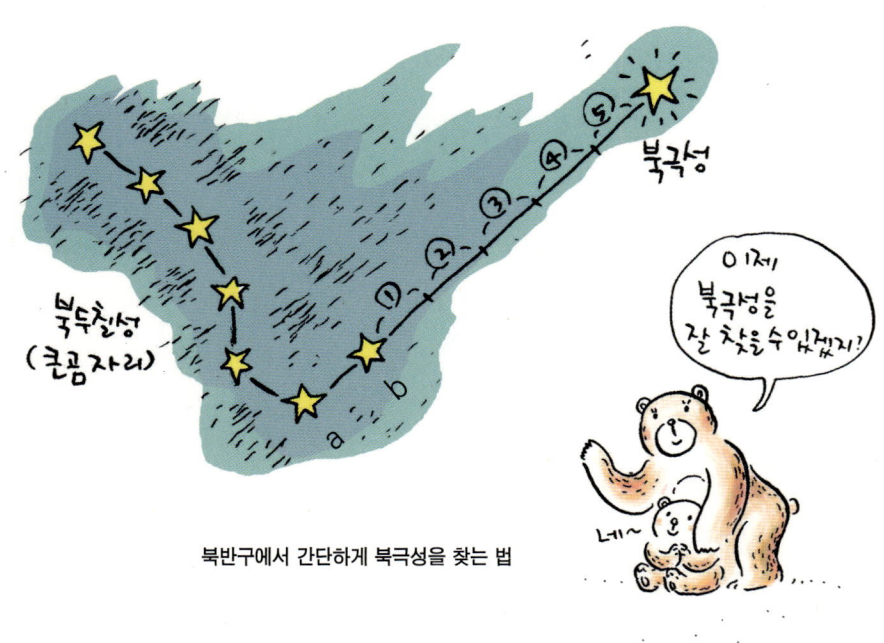

북반구에서 간단하게 북극성을 찾는 법

시계를 보면 경도를 알 수 있다

넓은 바다에서 이제 간신히 위도 몇 도 지점에 와 있는가를 알아냈습니다. 그렇지만 아직 안심하기는 이르지요. 경도를 모르면 별 소용이 없거든요. 지구상에서 위도선이 어떻게 그어져 있는지 생각해 보세요. 지구를 동서로 한 바퀴 빙 돌면서 360°로 이어져 있잖아요? 그러니까 같은 북위 38°선 위에 있다고 해도 지구 반대편에 있을 수도 있는 것입니다.

주로 작은 바다에서 항해하던 때는 경도를 몰라도 큰 문제가 없었습니다. 그런데 서양에서 스페인이 큰 배를 만들어 멀리 대서양을 항해하기 시작하면서 경도를 파악하는 문제가 아주 중요해졌습니다.

콜럼버스가 1492년 에스파냐현재 스페인 여왕 도움으로 신대륙을 찾아 항해를 했다는 이야기는 들어보았지요? 그 당시만 해도 제대로 경도를 측정할 방법이 없었다고 합니다. 그저 지구가 둥글다는 사실만 믿고, 대충 위도만 확인하면서 서쪽으로 계속 가다보면 '인도'에 도달할 거라고 생각하며 항해를 떠난 거지요. 참으로 무모한 모험이 아닐 수 없었죠.

당시 강대국이었던 스페인, 네덜란드 그리고 영국도 오랜 세월 동안 경도 문제를 해결하지 못했습니다. 사정이 그렇다 보니 항해를 하다 난파당하는 배와 바다 위에서 굶어 죽는 사람들이 셀 수도 없었다고 합니다.

1714년 영국 앤 여왕은 경도를 잴 수 있는 확실한 방법을 알아내는 사람에게 2만 파운드(오늘날 약 50억 원에 가까운 가치)를 주겠다는 공고를 냈다.

    1707년 영국 앞 바다에서 또 엄청난 사고가 발생하였습니다. 배 위치를 잘못 계산해 배가 암초를 피하지 못하는 바람에 배에 타고 있던 선원 2,000여 명 거의가 목숨을 잃은 사건이었죠. 인구도 지금보다 훨씬 적었던 당시에 2,000명이 사망했다는 것은 실로 엄청난 일이었습니다.

    이 사건을 계기로 7년 후인 1714년 영국 정부는 경도 측정에 상금을 걸기로 합니다. '앤'이라는 여왕이 통치하던 때로, 당시에도 영국에는 의회가 있었는데 거기서 '경도법'을 만들었지요. 정확한 경도 측정 방법을 개발하는 사람에게 막대한 상금을 준다는 내용을 발표했던 것입니다.

    영국뿐만 아니라 당시 유럽에 있던 국가들은 경도를 정확하게 측정하는 방법을 먼저 알아내 바다를 차지하려고 서로 치열한 경쟁을 벌이고 있었습니다. 영국이 좀 더 발 빠르게 행동한 것이지요. 요즘 우리나라를 포함한 선진 각국이 로봇 개발이나 유전공학, 신소재 개발 등 미래산업 연구에 막대한 비용을 지원하는 것과 비슷하다고 볼 수 있습니다.

경선은 지구의 북극과 남극을 지나도록 지구를 잘랐다고 가정할 때 생기는 선입니다. 그런데 시계를 보고 경도를 알 수 있다면? 도저히 그런 일은 생각조차 할 수 없을 것 같은데 다행히도 세상에는 머리 좋은 사람들이 참 많습니다. 1530년에 젬마 프리시우스라는 사람은 기계식 시계를 이용하여 경도를 파악할 수 있다는 아이디어를 내놓았습니다.

대단한 아이디어도 막상 듣고 보면 참 간단하잖아요. 젬마의 아이디어도 그 예에 해당하는 것입니다. 바로 지구가 24시간 동안 360°를 돈다는 사실에서 떠올린 것이죠. 간단한 산수 실력만 있으면 360 나누기 24를 할 수 있으니, 시간당 지구가 15°씩 움직인다는 것을 알 수 있습니다. 또 1시간은 60분이니까 4분마다 경도 1°씩 움직이는 거지요.

지구가 자전을 하기 때문에 밤과 낮이 생기고 시간이 생기는 것입니다. 아침에 동쪽에서 뜬 태양이 하늘 한가운데 오면 낮 12시가 됩니다. 그러니까 바다에 떠 있는 배에서도 태양을 보고 시간을 쉽게 짐작할 수 있죠. 해시계 기술은 상당히 오래 전부터 발달하여 해상에서도 현지 시각은 비교적 정확하게 알 수 있었답니다.

문제는 출발한 항구의 '현재' 시간을 알 수가 없었던 것입니다. 요즘처럼 전화가 있다면 항구에 시간을 물어볼 수 있겠지만 말입니다. 물론 당시에도 정확한 기계식 시계만 있었다면 문제는 간단히 해결되었겠죠. 출발지 시간에 시계를 맞추어 두면 며칠이 지나도 배가 출발했던 항구의 시간을 알 수 있으니까요.

배가 지금 있는 곳과 출발했던 곳의 현재 시간을 알면 출발지에서 얼마나 떨어진 곳에 와 있는지를 금방 알 수 있습니다. 만약 출발지와 현재 배가 있는 곳의 시간 차이가 1시간 난다면 경도 15°만큼 이동했다는 것을 의미하는 것이니까요.

존 해리슨, 경도에 도전하다

그럼 경도 문제는 간단히 해결된 걸까요? 자, 기계식 시계를 가지고 항구를 출발했습니다. 그런데 출발한 항구의 시간을 알려 주던 시계가 어느 날 갑자기 덜컥 멈추는 게 아닙니까? 또는 바다의 짓궂은 날씨로 온도가 심하게 변하자 시계도 따라 들쑥날쑥, 도대체 시간을 믿을 수가 없습니다. 경도를 측정하려면 정확한 시계가 있어야 하잖아요. 흔들리는 배 위에서도, 뜨거운 열대의 낮이나 추운 한대의 겨울밤에도 변함없이 일정하게 가는 시계가 말입니다. 하지만 당시의 기술로는 그렇게 튼튼하고 정확한 시계를 만들지 못했지요.

해시계는 안 될까? 해시계는 아무리 정확하다고 해도 한 순간의 시간을 알려줄 뿐이지 어떤 장소의 시간을 계속 '기억'하면서 새로운 시간을 알려줄 수는 없습니다. 예를 들어 지금 배에 있는 해시계는 배 위 시간을 보여 줄 뿐, 한 달 전에 출발한 항구인 런던의 '현재' 시간을 알려 주지는 못한다는 거죠. 그러니까 출발한 곳에서 시간을 맞춰 두면 스스로 계산하여 출발한 곳의 시간을 계속 알려줄 수 있는 기계식 시계가 필요하지요.

그런데 젬마 프리시우스가 시계로 경도를 알 수 있다는 놀라운 아이디어를 제안한 그 시절에는 쓸 만한 기계식 시계가 없었습니다. 아무리 대단한 아이디어가 나와도 뒷받침할 기술이 없으면 '황당한 상상'으로 그치고 마는 것이죠. 그래서 당시 사람들은 '시계로 경도를 알 수 있다'라는 말을 '배를 타고 달에 갈 수 있다'는 것과 마찬가지라고 생각했답니다.

그러나 이 세상은 '불가능'에 도전하는 '바보'가 있어 발전하는 법이죠. 그 멋진 바보가 바로 영국의 존 해리슨이었습니다. 당시 영국에는 세계적으로 유명한 대학과 과학자가 많았습니다. 물론 시계 전문가들도 많았죠. 그런데 이름도 없는 목수 아들이 어떻게 그 어려운 시계를 처음으로 만들어 내게 되었을까요?

존 해리슨은 1693년 영국 요크서 주에서 다섯 남매 중 맏이로 태어났습니다. 아버지가 목수여서 어릴 때부터 목공 기술을 배웠지요. 그는 목공일을 하면서도 틈틈이 음악과 공학 공부도 열심히 했습니다. 언젠가는 목사님이 케임브리지 대학의 기계학 강의 노트를 빌려다 주었는데, 한 글자도 빠짐없이 일일이 베껴 가면서 공부할 정도였다고 하지요.

해리슨이 만든 첫 번째 시계

해리슨은 1713년에 첫 번째 시계를 만들어 세상에 내놓았습니다. 목수였던 그는 나무로 아주 훌륭한 시계를 만들었답니다. 떡갈나무로 톱니바퀴를 만들고 회양목으로 굴대를 만들었으며, 아주 일부분에만 황동과 강철을 썼습니다.

시계공 밑에서 배운 적도 없는 그가 스무 살 생일이 되기도 전에 그토록 뛰어난 시계를 어떻게 만들 수 있었을까 하는 것은 지금도 풀리지 않은 수수께끼랍니다.

해리슨은 1715년과 1717년에도 비슷한 목제 시계를 만들었고, 1720년경에는 공원에 탑시계를 만들기도 했습니다. 그런데 이 시계들은 매우 정교하기는 했지만 진자시계추를 이용한 시계여서 심하게 요동치는 배 위에서는 사용할 수가 없었죠. 배가 이리저리 흔들리면 시계 진자의 움직임이 일정하지 않게 되고 결국 시간을 믿을 수 없게 되기 때문입니다.

그래서 해리슨은 험한 파도가 쳐도 영향을 받지 않는 시계를 만들기로 마음먹고 수년 간 연구를 거듭하여 새로운 시계의 설계도를 완성했습니다. 1730년 드디어 해리슨은 완성한 '해상시계' 설계도를 들고 런던에 있는 경도심사국을 찾아갔습니다.

만족을 모르는 완벽주의자

1714년 영국 정부가 '경도법'을 만들고 정확한 경도 측정 방법을 개발한 사람에게 막대한 상금을 준다고 발표했던 일을 기억하죠? 해리슨은 경도심사국에 가서 설계도에 따라 시계를 만들면 경도 문제를 해결할 수 있다는 것을 보여 주고 싶었습니다. 시계를 만들려면 해리슨이 감당할 수 없을 만큼 많은 돈이 필요하였기 때문에 설계도만 가지고 찾아갔죠.

그런데 런던에는 해리슨이 찾아 헤매던 경도심사국 사무실이 없었습니다. 경도법을 발표하고 막대한 상금을 걸었지만 심사위원들이 한 사무실에 모여 심사해야 할 만큼 멋진 아이디어가 많지 않았기 때문이었죠.

결국 해리슨은 여기 저기 따로 흩어져 있는 심사위원을 한 명씩 찾아가야 했습니다. 그런데 먼저 만난 심사위원은 다른 심사위원들이 해리슨의 아이디어를 별로 좋아하지 않을 것이라며 유명한 시계 제작자를 소개해 주었습니다. 당시 경도심사국 위원들은 달과 별을 관측하는 것이 경도를 알아내는 가장 좋은 방법일 것이라고 생각하고 있었거든요.

다행히 소개받은 시계 제작자는 그의 아이디어를 높게 평가하고 많은 돈을 빌려 주면서 시계를 만들어 보라고 했지요. 설계도를 완성한 지 5년 만인 1735년, 해리슨은 드디어 세계 최초로 해상시계를 완성했습니다.

해리슨의 첫 해상시계 H1 현재 영국 국립 해양 박물관에 전시되어 있으며 여전히 움직이고 있다.

　이 시계가 세상에 모습을 드러내자 모두들 시계가 무척 정교한 것에 놀랐습니다. 바다에서 직접 해 본 실험에서도 시계는 정확하게 움직여 경도를 측정할 수 있었답니다. 해리슨은 경도법에 명시된 상금을 받을 자격이 충분한 사람이었습니다.

　그런데 더욱 놀라운 사실은 해리슨이 자기가 만든 시계에 결점이 있다면서 이를 보완해야 한다고 했다는 것입니다. 그는 경도심사국의 지원을 받아 2년 후 두 번째 해상시계를 만들었습니다. 첫 시계의 결점을 보완했으니 전문가들이 환호할 만큼 정확하고 멋진 시계였겠죠? 그러나 해리슨은 이에도 만족하지 않고 20년 가까이 작업실에 틀어박혀 연구하면서 세 번째

해리슨의 네 번째 해상시계 H4
지름 약 13cm, 무게 약 1.4kg

해상시계를 완성합니다.

그는 정말 만족을 모르는 완벽주의자였습니다. 그 후로도 연구를 멈추지 않았고, 1759년 네 번째 해상시계를 만들었을 때 나이는 66세였습니다. 그때야 비로소 자신의 경도 시계를 따라올 만한 시계는 이 세상에 없다면서 만족했다지요. 그리고 드디어 이 시계로 상도 받았습니다.

이름 없는 목수였던 해리슨은 이후 영국이 세계의 바다를 지배하여 '해가 지지 않는 대영제국'을 건설하는 데 큰 공헌을 하게 된 셈입니다. 그의 해상시계들은 지금도 영국 국립 해양 박물관에 남아 세계 각국 여행객들을 만나고 있답니다.

경도 기준선은 영국을 지난다

위도 기준선 0°선은 정하기가 쉽습니다. 지구를 가로로 자르면 원이 생기는데, 가장 큰 원은 적도를 잘랐을 때 생기고 남북극으로 갈수록 원 크기는 점차 줄어들어 양극에서는 점이 되어버리죠. 가로 선들을 식별하기 위해서 기준점을 잡을 때는, 가운데 있고 가장 큰 원이 생기는 적도가 딱 좋습니다.

그런데 경도는 문제가 다릅니다. 경선은 모두 양극을 지나면서 그러지는 원이기 때문에 원 크기가 모두 같거든요. 그렇다 보니 특별히 0°선으로 삼을 기준선을 정하기가 어렵습니다. 그래서 예전에는 지도 만드는 사람이 자기 '마음대로' 경도 기준선을 정하는 일이 많았습니다.

위선 지구를 가로로 나누는 선. 모든 선이 서로 평행하고, 적도를 지나는 원이 가장 크다.

경선 지구를 세로로 나누는 선. 모든 선이 남극과 북극에서 만나고, 생기는 원 크기가 모두 같다.

프톨레마이오스 세계 지도 그가 사용한 지도 그리기 원칙은 오늘날까지 영향을 미치고 있다. 그림 왼쪽에 점선으로 표시된 곳이 '행운의 섬'이다.

정교한 경선과 위선을 세계 지도에 가장 먼저 그렸다고 알려진 프톨레마이오스는 지금의 카나리 제도를 지나는 선을 경도 기준선으로 삼았습니다. 세계 지도라지만 프톨레마이오스가 살고 있던 시절에 잘 알려져 있던 지중해 주변 '세계'만 그린 것이지요.

프톨레마이오스 지도 맨 왼쪽 끝을 보면, '행운의 섬'이 그려져 있습니다. 지금 카나리 제도가 있는 곳으로, 경도 약 15°W 지점입니다. 아마 프톨레마이오스가 살고 있던 시절에 알려진 지역 가운데 가장 서쪽이 바로 카나리 제도였던 것 같습니다.

천문 관측이나 해상시계 등으로 경도를 더욱 정확하게 측정할 수 있게 되면서 경도를 상세하게 표시한 지도가 많이 만들어졌습니다. 경도를 확인할 기술이 없었던 그 이전에는, 별 소용 없는 경도를 지도에 굳이 표시하려고 애쓸 필요가 없었겠지요? 그러나 경도를 확인할 수 있게 된 뒤로부터는 해상 안전을 크게 좌우하는 경도를 지도에서 빼놓을 수 없게 된 것입니다.

그런데 지도마다 경도 표시법이 달라서 혼란스러워지자 국제적으로 통일된 경도 기준선이 필요하다고 생각했지요. 현재 경도 기준선이 있는 영국 그리니치는 물론이고, 프랑스 파리, 중국 북경 등 세계 중심이 되고 싶은 강대국들은 모두 자기 나라 도시의 경도를 국제 표준 기준선으로 만들고 싶어 했습니다. 그러니 국제적으로 통일된 경도 기준선을 마련하는 일은 쉽지 않지요.

우여곡절 끝에 1884년 10월 미국 워싱턴 D.C.에서 25개 나라 대표가 참여한 회의가 열리고, 그 자리에서 영국 그리니치 천문대 기점 경선이 국제 표준으로 결정되었습니다. 경도를 재는 데 크게 기여한 시계를 만든 해리슨이 영국 사람이 아니었다면 결과는 달라지지 않을까요?

지도에는 타임머신이 숨어 있다

공상과학 영화나 소설, 만화 등에 단골로 등장하는 타임머신! 그 기계만 있으면 과거로도 미래로도 마음대로 갈 수 있죠. 아쉽게도 아직 타 볼 수는 없지만 말이에요. 그런데 현실 세계에서도 그와 비슷한 일이 일어나고 있다면 어떨까요? 물론 나의 과거로 돌아갈 수는 없습니다. 마음대로 시간대를 선택할 수도 없고요. 다만 하루 전으로 돌아가거나 하루 앞으로 갈 수는 있습니다. 그 비밀은 바로 날짜 변경선이죠.

세계 지도를 펴 놓고 태평양 가운데를 잘 살펴보면서 경도 180° 선을 찾아보세요. 경도 180° 선과 일치하기도 하고 어느 부분에서는 들쑥날쑥 그어져 있는 선 하나가 보일 겁니다. 보통 선 옆에 '날짜 변경선'이라고 적혀 있지요. 이 선이 말 그대로 날짜가 변경되는 선입니다.

그 선에서 서쪽으로 갈수록 시간이 점차 늘어나서 지구를 한 바퀴 돌아 다시 그 선에 오면, 새로운 날이 시작되는 것입니다. 그러므로 그 선을 기준으로 좌우는 하루 차이가 나게 됩니다. 주말쯤 그 선 위에 두 다리를 벌리고 서 있으면 한 발은 토요일, 다른 발은 일요일에 속하는 거죠.

물론 이런 황당한 일이 벌어지지 않게 날짜 변경선은 육지를 통과하지 않도록 그어졌습니다. 경도 180° 선을 그대로 날짜 변경선으로 정하지 않은

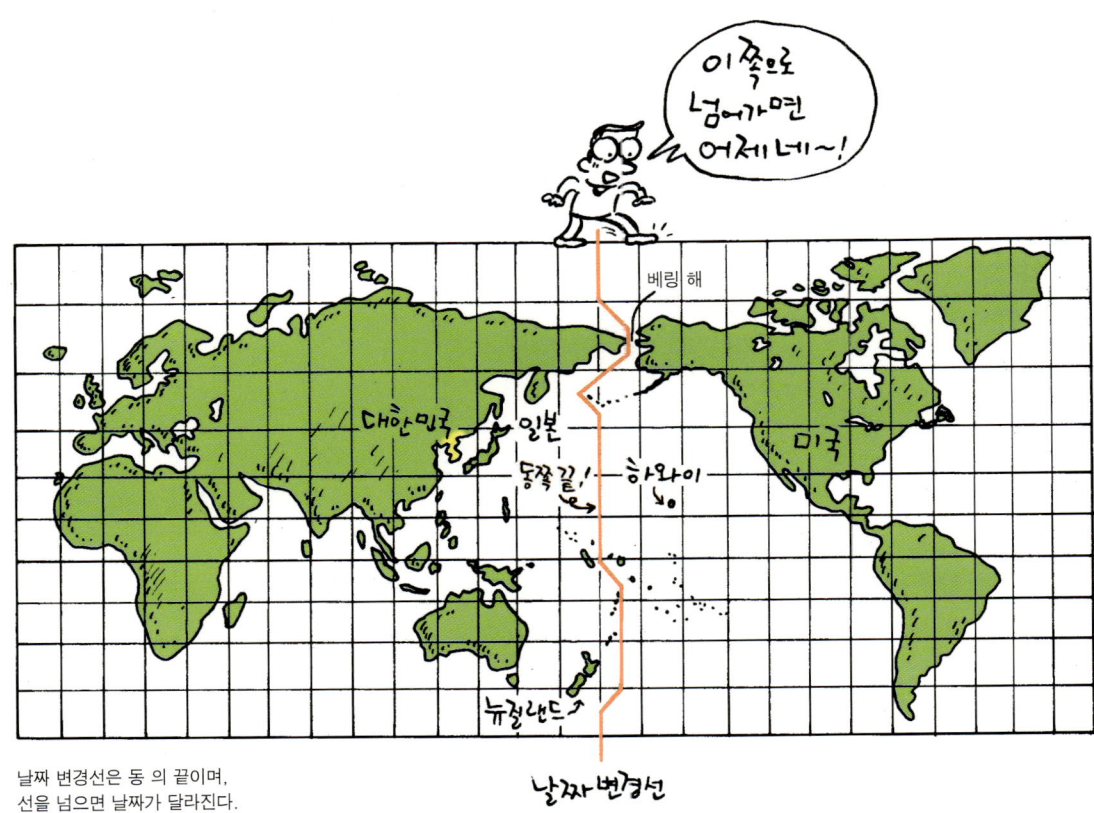

날짜 변경선은 동의 끝이며,
선을 넘으면 날짜가 달라진다.

이유이기도 하지요. 그래서 날짜 변경선은 태평양 북쪽에서는 베링 해 위에 그어지고, 태평양 한가운데 지역에서도 이런저런 섬들을 피해 약간 들쑥날쑥 그어지게 된 것입니다.

인천공항에서 비행기를 타고 미국으로 간다고 생각해 볼까요? 비행기가 태평양 가운데 있는 날짜 변경선을 지나는 순간, 우리는 한국보다 하루 늦은 '어제'의 세계로 접어들게 됩니다. 그 순간 우리가 타고 있는 비행기가 타임머신이 되는 셈이겠지요?

동쪽 끝은 어디인가?

우리나라보다 해가 먼저 뜨는 나라는 더 동쪽에 있는 나라겠지요. 그럼 일본? 일본보다 더 동쪽에 있는 나라는 없나요? 뉴질랜드! 그런데 뉴질랜드보다 더 동쪽에 하와이가 있지 않나요? 참 간단한 질문 같은데 답 찾기가 쉽지 않습니다. 게다가 뉴질랜드는 남반구에 있는 나라인데 일본보다 더 동쪽에 있는 나라라고 하니 좀 이상합니다.

두 지역을 비교하여 어느 곳이 더 동쪽에 있는가를 판단할 때는 '경도'를 기준으로 합니다. 런던을 지나는 경도 기준선경도 0°선으로부터 동쪽에 위치한 경도는 숫자가 클수록 더 동쪽에 있다고 할 수 있습니다. 그러니 뉴질랜드동경 약 174°는 일본동경 약 135°보다 더 동쪽에 있는 나라가 맞습니다.

그런데 하와이는 뉴질랜드보다 더 동쪽에 있는 곳이라고 하기 곤란합니다. 지구는 둥글지만 동쪽에는 '끝'이 있거든요. 날짜 변경선이 바로 동쪽 끝을 나타내는 선이기도 합니다. 그러니까 하와이는 뉴질랜드 동쪽에 있는 곳이 아니라 서쪽으로 아주 멀리 떨어져 있는 곳이라고 표현해야 맞습니다.

해가 동쪽에서 뜨는 것은 모두가 아는 사실이지요. 그럼 지구에서 가장 해가 먼저 뜨는 곳은 '동쪽 끝'인 날짜 변경선에 가장 가까운 지역일 겁니다. 그리고 날짜 변경선은 들쑥날쑥하게 생겼으니, 동쪽 방향으로 가장 많이 튀어나온 곳에서 해가 가장 먼저 뜬다고 말할 수 있겠지요.

세계 지도에서 태평양 가운데 있는 나라, 키리바시를 찾아보셔요. 이 나라는 여러 섬으로 이루어졌는데, 날짜 변경선은 이 섬들 사이로 지나가게 그어졌습니다. 그러다 보니 한 나라 안에서 서로 날짜가 달라져버리고 말았죠. 그래서 키리바시 섬들이 모두 같은 시간대에 속할 수 있게 날짜 변경선을 바꾸어 달라고 세계에 요청했답니다.

그런데 날짜 변경선은 국제법이나 국제조약으로 정해진 것이 아니라서, 키리바시 사람들 부탁을 들어줄지 말지 결정할 '책임 기관'이 없습니다. 그저 많은 나라가 '각 국가는 자국의 시간대를 결정할 수 있다'고 판단하여 키리바시의 요청을 받아들이고 있는 거지요.

키리바시 사람들 바람이 이루어지면서 세상에서 해가 가장 먼저 뜨는 곳도 바로 키리바시가 되었답니다. 키리바시는 대부분 산호초 섬으로 이루어진 나라여서 고기잡이로 생계를 이어가는 일 외에 특별히 할 일이 많지 않았습니다. 그래서 키리바시 사람들은 자신들의 고향을 가까이에 있는 하와이나 피지처럼 유명한 휴양지로 만들고 싶어했지요.

그들은 멋진 방법을 바로 날짜 변경선에서 찾았답니다. 1990년대 중반, '세계에서 가장 먼저 해가 뜨는 나라' 키리바시는 2000년 새해맞이 관광객을 불러들이기 위해 날짜 변경선을 '변경'하여 세상에 알렸습니다. 그리고

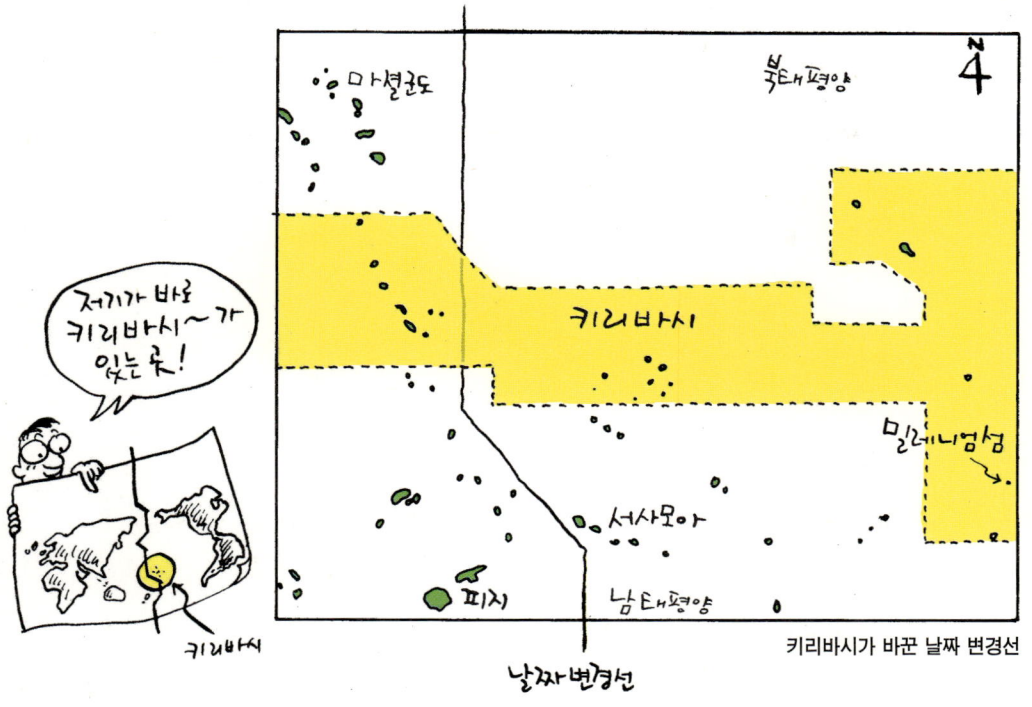

키리바시가 바꾼 날짜 변경선

선에서 가장 가까이 있는 섬 이름도 '밀레니엄 섬Millennium Island'으로 바꾸었죠.

　어느 나라 사람이나 새해가 되면 '새로운 해'를 보면서 소망을 빌잖아요. 우리나라 사람들이 1월 1일이면 떠오는 해를 보려고 동해로 많이 가는 것처럼. 더구나 새천년이 시작되는 2000년 새해에는 더 특별한 곳을 찾고 싶었겠죠? 키리바시는 바로 이런 사람들을 자기 나라로 오게 한 것입니다. 이 일로 세계 많은 사람들이 '키리바시'라는 나라를 알게 되었다는군요.

나라마다 다른 '현재 시각'

우리가 사용하는 시간은 태양을 기준으로 정한 것이므로 태양이 머리 바로 위에 있을 때가 정오 낮 12시입니다. 그런데 태양이 바로 머리 위에 오는 때가 장소마다 달라지는 게 문제입니다. 우리나라 안에서 이렇게 시간이 다 다르다면 참 혼란스럽겠죠.

"서울에 있는 친구가 저녁 8시에 스타크래프트 한판 하자는데 그럼 우리 동네에서는 그때가 몇 시지?"

이렇게 되면 생활이 너무 복잡해지니까 각 나라에서는 표준시를 하나 정해서 국민이 모두 함께 사용합니다. 우리나라는 동경 135°를 표준시로 삼고 있지요. 그 말은 동경 135°인 곳에 태양이 수직으로 비출 때를 낮 12시로 정한다는 거죠. 서울은 동경 약 127°니까 낮 12시가 되어도 태양이 바로 머리 위에 오지는 않지만, 표준시를 하나 정해 함께 사용하는 거니까 12시라고 여기자는 약속입니다.

그런데 국토가 동서로 넓게 펼쳐 있는 나라에서는 표준시를 하나로 정하는 것이 오히려 문제가 될 수 있습니다. 우리나라보다 한 시간 늦은 시간대를 사용하는 중국을 한번 볼까요?

중국은 온 나라가 동경 120°를 표준시로 정해 쓰고 있습니다. 그런데

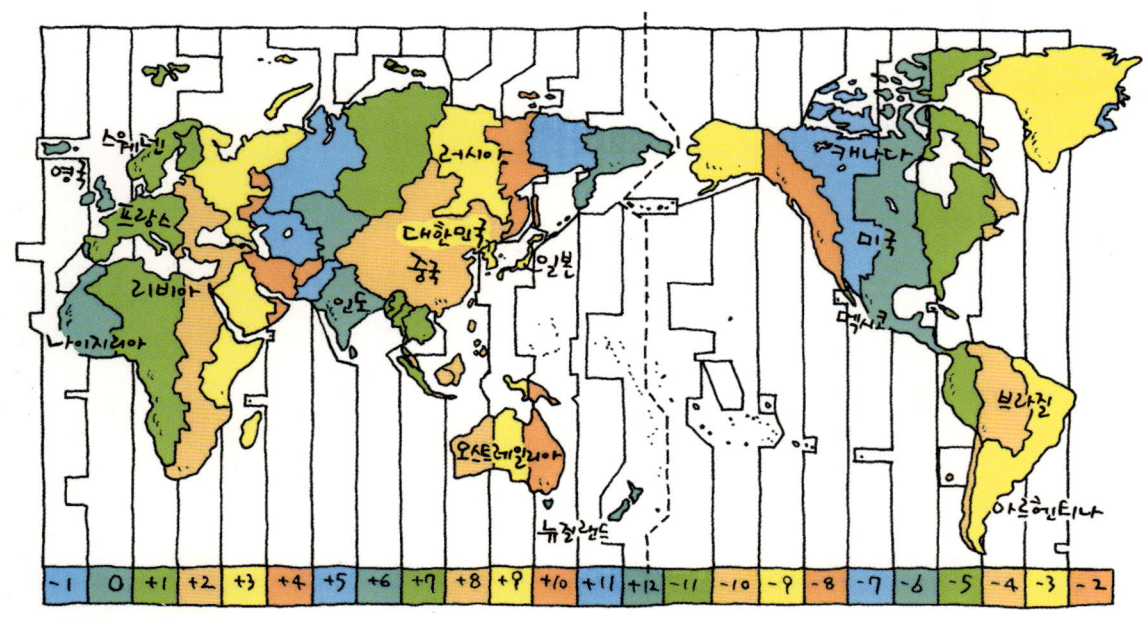

세계 표준 시간대

중국은 동쪽으로는 거의 동경 135°에 이르고 서쪽으로는 동경 73° 부근까지 이어지는 큰 나라입니다. 그러다 보니 동부 지역에선 이미 해가 떠서 밝은 시간에도 서부 지역은 아직 깜깜한 상황이 생깁니다. 이런 경우, 같은 나라라고 해서 똑같은 시간대를 사용한다면 더 불편하겠죠? 그런데 중국 사람들은 성격이 좋은지 그럭저럭

불편을 감수하고 표준시 하나를 모두 함께 사용하고 있답니다.

미국, 러시아, 캐나다, 오스트레일리아, 브라질 같이 넓은 땅을 가진 나라들은 이런 불편을 줄이기 위해 한 나라 안에서도 여러 개의 표준시를 사용합니다.

예를 들어 미국 미네소타주에 사는 사람이 캘리포니아주에 있는 여행사에 급한 볼일이 생겨 아침 9시쯤 전화를 합니다. 마음은 급한데 아무도 전화를 받지 않네요. 캘리포니아는 미네소타보다 2시간이나 느린 시간대에 있으므로 아침 7시쯤이었고, 그러니까 여행사 직원들은 아직 출근하지 않았던 거지요. 이 사람은 미국 내에서는 지역에 따라 표준시가 다르다는 사실을 깜빡 잊고 있었던 모양입니다.

여러 가지 지도와 기호
쓰임새가 다르면 모양도 달라

땅 모양 지도만 있는 건 아닙니다.
지도는 보여 줄 얼굴이 아주
많지요. 날씨가 어떤지 알려 주기도
하고 바닷속은 어떻게 생겼는지
보여 주기도 합니다.
지도가 이렇게 다양한 정보를
제대로 보여 주려면 꼭 필요한
친구가 있습니다. 바로 기호지요.
기호는 '🏫-학교'처럼, 실제
지형지물이나 복잡한 정보를
단순하게 만들거든요.

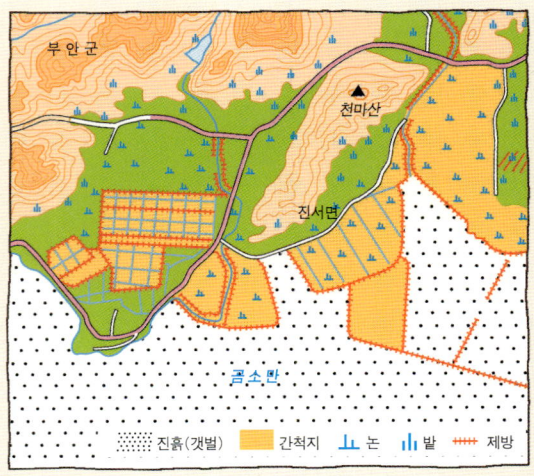

지형도 땅의 생김새나 이용을 자세하게 보여 줍니다.

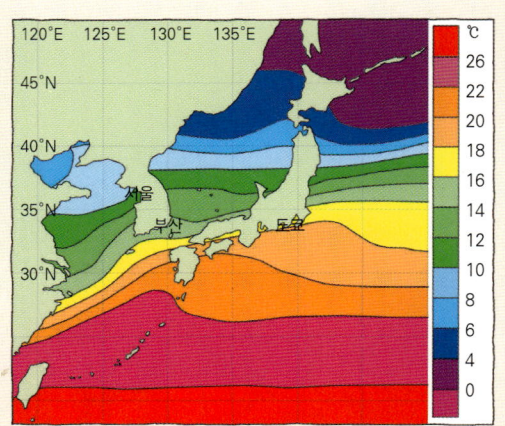

해상 수온도 바닷물의 온도가 어떻게 다른지 보여 줍니다.

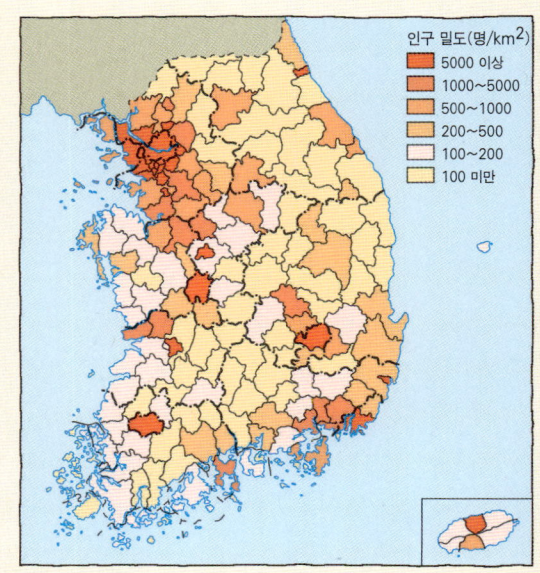

분포도(통계지도) 지역별로 사람들이 얼마나 모여 사는지 보여 줍니다.

별자리 지도 하늘에 있는 별자리를 나타내는 지도입니다.

클수록 밝은 별

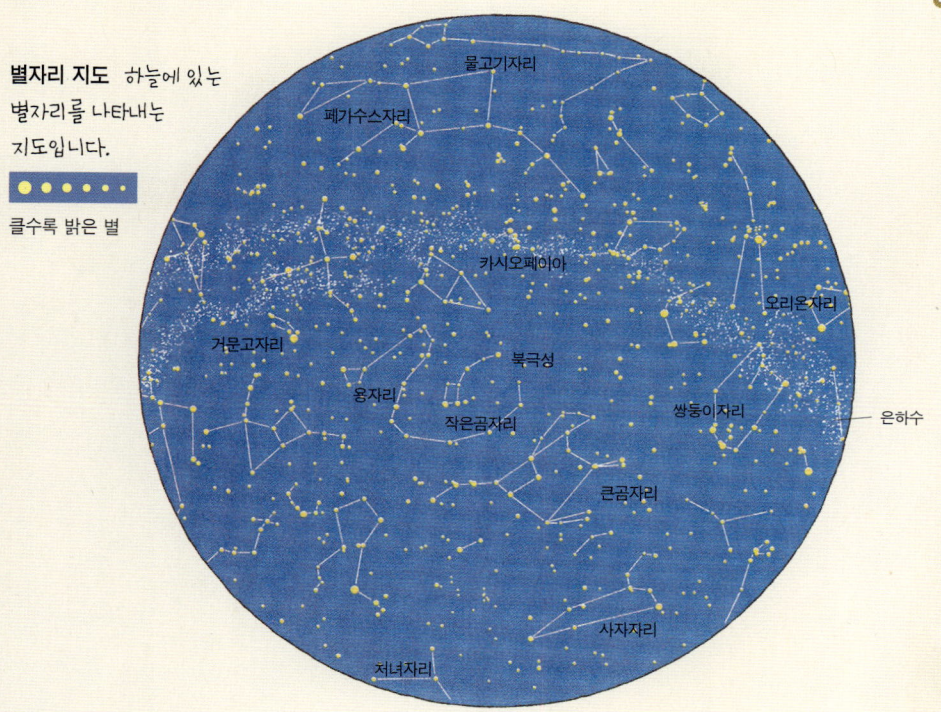

기후도 8월의 평균 기온이 같은 곳끼리 이어 놓은 지도입니다.

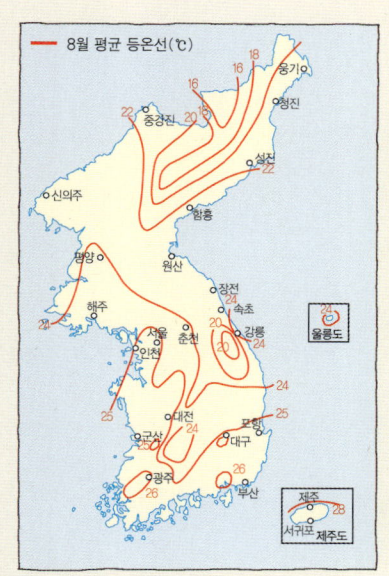

여행 지도 여행에 필요한 여러 정보가 담겨 있습니다.

지구를 지도로!

지도는 미지의 세계를 탐험해 온 인류에게 좋은 길잡이였고 그 탐험의 성과가 알알이 박혀 있는 결과물입니다. 수많은 사람들이 목숨을 걸고 지구 곳곳의 땅과 바다를 다닐수록 세계 지도의 윤곽선은 점점 또렷해졌습니다.

세계 지도가 하는 거짓말

우리가 흔히 보고 지나치는 지도에는 큰 비밀이 숨어 있습니다. 어딘가 보물섬이라도 표시되어 있냐고요? 혹시 모르니까 우선 집에 있는 지도책들을 모두 한 자리에 모아봅시다. 변변한 지도책이 없다고 생각하지 말고 잘 찾아보세요. 적어도 《초등학교 사회과부도》는 있을 테니까요. 아무리 찾아봐도 지도책을 발견할 수 없다면 실망하지 말고, 인터넷 검색 사이트에서 '이미지' 검색으로 '세계 지도'를 찾아보세요.

   자, 이제는 앞에 늘어 놓은 세계 지도들을 뚫어져라 쳐다보세요. 특히 위선과 경선을 잘 보기 바랍니다. 가로줄이 위선, 세로줄이 경선입니다. 뭔가 이상한 점을 눈치챘나요? 어떤 지도에서는 위선과 경선이 모두 반듯한 직선입니다. 한편 어떤 지도에서는 위선은 직선, 경선은 곡선이지요. 또 위선과 경선 모두가 곡선으로 그려진 지도도 있군요.

   그 가운데 위선과 경선 모두 직선으로 그려진 지도 여기서는 메르카토르 도법 지도를 자세히 보면서 적도를 찾아보세요. 지도 옆에 0°라고 적혀 있는 선이 적도입니다. 그리고 적도와 평행한 선들이 모두 위선입니다. 선 옆에 적힌 숫자는 당연히 각 선의 위도겠죠.

   다시 위도 75°선을 찾아 그 주변을 한번 보세요. 실제 지구 상에서는

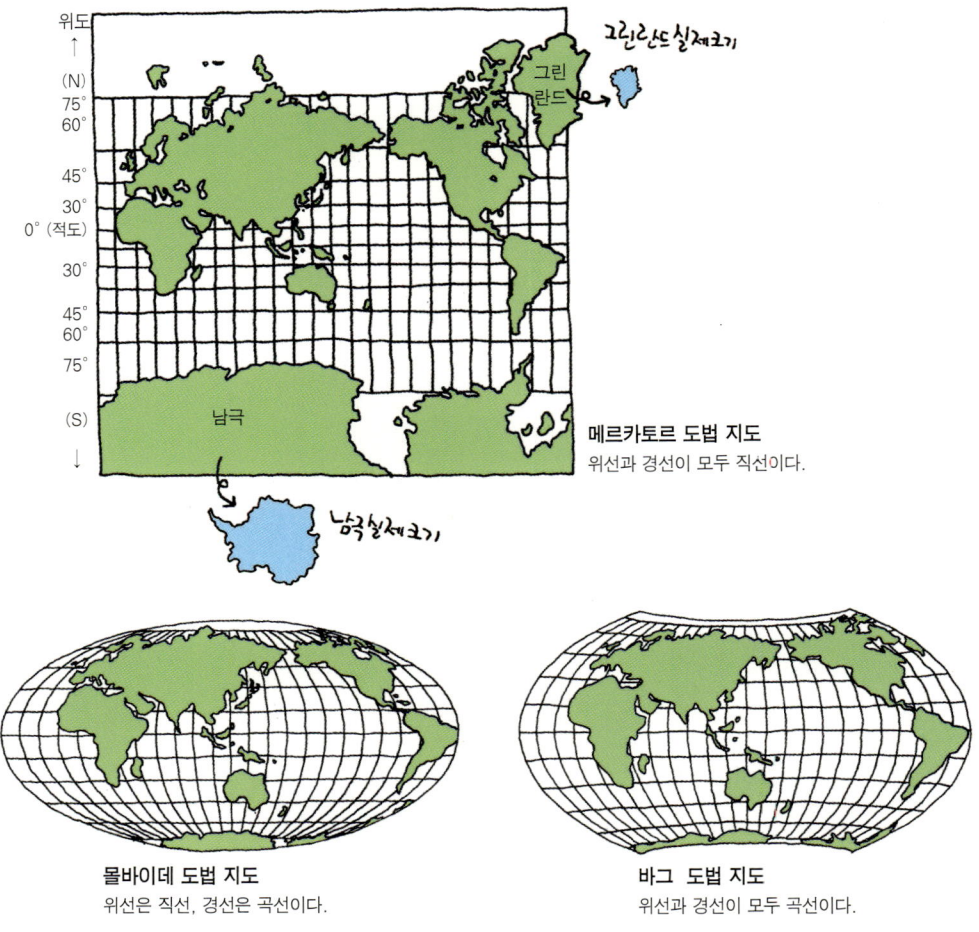

메르카토르 도법 지도
위선과 경선이 모두 직선이다.

몰바이데 도법 지도
위선은 직선, 경선은 곡선이다.

바그 도법 지도
위선과 경선이 모두 곡선이다.

위도가 높을수록 경선 간격은 점차 좁아져서 결국 지구 양극에서는 모든 경선이 한 점에서 만납니다. 그런데 편평한 지도에서는 북극이나 남극 부근에서도 경선 사이 간격이 적도 부근과 크게 다르지 않아 보입니다.

바로 여기에 지도를 볼 때 조심해야 할 거짓말이 하나 숨어 있습니다. 양극으로 갈수록 땅의 크기가 실제보다 점점 더 크게 그려진다는 사실입니다.

아주 오래 전부터 지도를 그리려고 했던 사람들은 어떻게 하면 둥근 지구를 어디 한 군데도 빠짐없이 모두 종이 위에 그릴 수 있을까 궁리했습니다. 결국 독일의 메르카토르라는 사람이 이런 지도를 고안하여 지구의 땅과 바다를 모두 평평하게 그려 넣을 수 있게 되었지요. 하지만 둥근 것을 평평하게 펼칠 때 생기는 이런 약점은 도저히 해결할 수 없었답니다. 위도가 높은 지역으로 갈수록 땅 크기가 너무 부풀려져 그려질 수밖에 없다는 거 말입니다.

그러니까 위선과 경선이 모두 직선인 세계 지도를 볼 때에는 남극과 북극 쪽에 가까운 곳(고위도 지방)에 있는 나라의 모양과 크기는 '가짜'라는 비밀을 알고 보아야 합니다. 예를 들어 그린란드가 남아메리카와 크기가 비슷하게 그려져 있지만 실제로는 1/8 크기밖에 안 된다는 사실을 말이죠. 위선이나 경선을 곡선으로 처리한 세계 지도는 이런 문제를 좀 줄여 보려고 노력한 것들입니다.

하지만 둥글둥글한 지구 구석구석을 편편한 지도에 실제와 똑같이 표현하는 것은 불가능합니다. 그러니까 모든 지도는 감추고 싶은 '약점'이 있는 셈이지요. 하지만 그 약점을 잘 알고 보면 세계 지도는 유용하고 재미있는 구석이 훨씬 더 많답니다.

지도는 생김새에 따라 쓰임새가 다르다

그런데 세계 지도만 숨기고 싶은 약점이 있는 걸까요? 모든 지도는 크고 작은 차이일 뿐 우리 인간처럼 모두 약점을 지니고 있습니다. 입체적인 표면 상태를 평면인 종이에 옮기려면 어딘가 실제와는 달라져 버릴 수밖에 없는 것이죠. 우리가 처음 본 사람에게 아무리 상세하게 설명한다고 해도 나를 전부 알릴 수는 없는 것처럼 말이죠.

지도에 표현되어 있는 정보도 모두 '믿을 수 있는 것'은 아닙니다. 물론 지도를 만든 사람 탓은 아니니까 흉볼 필요는 없습니다. 그저 입체를 평면으로 나타내면서 어쩔 수 없이 지도에 사실과 다른 '거짓' 정보가 들어가게 되는 것이니까요.

다양한 방법으로 그린 지도들을 모아 보면 흥미로운 점을 알게 됩니다. 지도에 따라 위선과 경선 모양이 다르다거나 같은 지역의 땅 모양이 지도에 따라 각기 다르다는 것 말입니다.

하지만 지도가 완벽하지 않다고 실망할 필요는 없습니다. 단점보다는 장점이 많은 친구거든요. 단점만 보면서 멀리할 것이 아니라 지도가 가진 장점을 최대한 활용하면 쓸모가 많다는 걸 새삼 느끼게 될 거예요. 여러 지도들의 장단점을 한번 볼까요?

우선 각도에 관한 정보는 정확하지만, 면적이나 모양은 실제와 많이 다른 지도가 있습니다. 위선과 경선이 직선인 메르카토르 도법 세계 지도가 그렇지요. 그런데 바다에서 항해를 할 때에는 '각도'를 재면서 배가 앞으로 갈 길을 찾아나가기 때문에 각도가 정확한 이 지도가 가장 쓸모 있습니다.

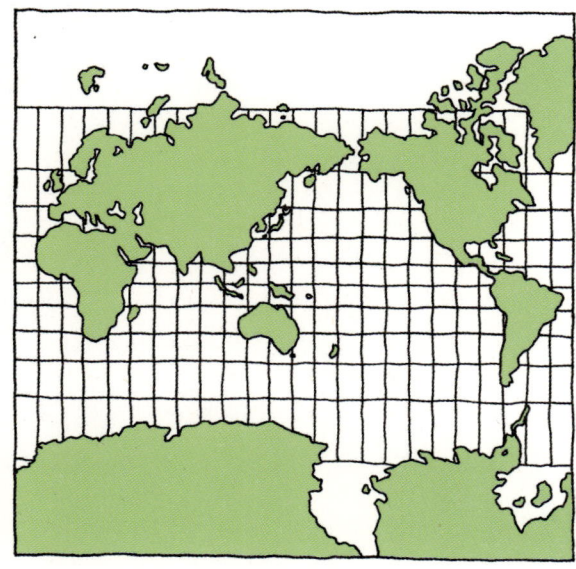

메르카토르 도법 지도
각도 정확, 극 지방으로 갈수록
면적이 실제보다 훨씬 커진다.

하늘에서 비행을 할 때에는 출발지에서 목적지까지 가장 짧은 시간 내에 갈 수 있는 길이 직선으로 표시되는 지도가 좋습니다. 메르카토르 도법 지도에서 두 지점을 서로 이은 직선은 대부분 가장 짧은 길이 아니라 실제로는 빙 둘러 가는 셈이 됩니다. 이럴 때는 심사 도법 지도가 좋습니다. 심사도법 지도는 면적이 실제와 너무 달라 일반적인 지도로 쓰기는

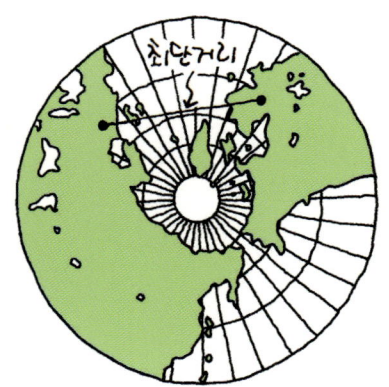

심사 도법 지도
면적이 실제와 많이 다름, 두 지점의
최단 거리를 알 수 있다.

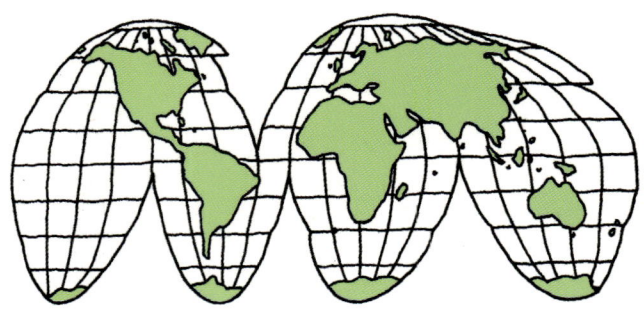

구드 도법 지도
육지의 모양과 면적이 정확, 바다를 갈라서 그려야 한다.

어렵지만, 가장 빠른 길(대권 항로)을 찾는 사람들에게는 최고의 지도지요.

분포도처럼 나라의 면적이나 크기가 정확해야 할 때 많이 사용하는 지도는 구드 도법 지도입니다. 그러나 바다가 갈라져 있으니 바다를 항해할 때 쓰기는 적당하지 않겠죠?

이렇게 지도는 만드는 방법도 매우 다양하고 그 특징도 서로 다릅니다. 우리도 사람이라는 점에서는 다 비슷하지만, 각자 가지고 있는 장점과 단점이 서로 다르잖아요. 친구나 지도나 단점을 보면서 싫어하기보다는 서로 '장점'을 봐 주고 살려 주면 더 신나지 않을까요?

귤로 만드는 지구본

지도 이야기를 많이 나눴지만 결국 다른 사람들이 만든 것입니다. 그러니 당시에 어떤 어려운 일을 겪으며 지도를 만들었고, 지금은 아주 간단해 보여도 당시에는 얼마나 대단한 일이었는지 생생하게 느끼기는 힘듭니다.

지도를 직접 만들어 본다면 평범한 나와는 다르다고 느낀 '지도 천재'들이 아주 가깝게 느껴질 겁니다. 또 어렵다고만 생각했던 일이 그리 어렵지 않아 새삼 놀랄 수도 있고, 그런 과정에서 '아 내게도 천재 같은 면이 있을지도 모른다' 싶은 흥분이 느껴질지도 모르죠. 자, 이쯤에서 지도 하나를 만들어 보면서 우리 속에 잠자고 있는 천재를 깨워 보기로 합시다.

귤로 지구 만들기

먼저 귤을 구합니다.
귤을 이리저리 돌려가며 겉에다 동그라미를 그려 넣습니다. 빨간 매직펜으로 지름이 2cm가량 되도록 그리세요.

자 이제 귤을 지구라고 상상해 보세요. 그리고 지구가 된 귤을 지도로 그려 봅시다. 귤 표면을 그대로 종이에 그리려면 어떻게 해야 할까요? 둥근 귤에 그린 동그라미 7개를 종이 위 어디에 그려 넣어야 정확한 귤 지도가 될 수 있을지 생각해 보세요.

귤 지구를 보고 그린 귤 지도

이렇게 귤 앞뒤, 양쪽을 함께 그려주면 귤지도 완성~

미술 시간에 정물화를 그리듯 감귤을 그리면 될까요? 이런, 귤 한쪽만 그려지는군요. 이렇게 그리면 반대쪽에 있는 동그라미들이 보이지 않습니다. 이번엔 귤을 돌려 놓고 반대쪽을 마저 그립니다. 자, 이제 두 그림을 나란히 붙여 놓으면 귤 지도가 완성되나요?

이제 귤 지도에서 번호를 매긴 동그라미들이 어떤 모양으로 그려졌는지 잘 살펴보세요. 혹시 지도 귀퉁이에 그려진 동그라미가 있나요? 원래 귤 껍질에는 동그라미로 그렸는데, 귤을 그린 지도에서는 온전한 동그라미로 표현되지 않고, 타원형으로 그려지거나 일부만 그려진 것이 보입니다. 또 두 동그라미의 중심을 연결한 직선은 어떤 모양으로 그려져 있는지도 보세요.

귤의 실제 모습과 우리가 만든 귤 지도는 어디가 어떻게 다른가요? 귤에 그린 동그라미 모양과 동그라미들 사이 거리나 방향이 귤 지도에서는 많이 다르게 그려졌다면 그 이유는 무엇일까요? 지구가 되어버린 귤은 버리지 마세요. 아직 우리 궁금증을 모두 해결하지는 못했으니까요.

디지털 카메라로 지구를 찍다

이번엔 디지털 카메라로 귤 사진을 찍어 보겠습니다. 사진을 찍기 전에 귤에 그려 넣은 동그라미나 두 동그라미 중심을 연결한 선은 그대로 두고, 선을 몇 개 더 그려 넣겠습니다. 새로 그리는 선은 앞서 그린 그림과 구별하기 좋게 검정 매직펜으로 그리세요.

우선 귤 꼭지가 있는 부분을 지구 북극, 그 반대편을 남극이라고 생각하고 북극과 남극을 지나가는 경선을 그어봅니다. 그리고 위선도 긋습니다. 귤이 작아 좀 불편하지만, 경선 8개가량, 위선 5개가량 긋는 데는 큰 어려움이 없을 것입니다.

자, 이제 귤을 앞뒤로 찍어 볼까요? 귤 사진 지도에서는 빨강색으로 그린 동그라미나 두 동그라미 중심을 연결한 직선이 어떤 모양으로 보이는지

검정 매직펜으로 경선과 위선을 그린다.

귤 지구의 앞면과 뒷면 가장자리로 갈수록 원이 동그랗지 않고, 보이지 않는 동그라미도 있다.

살펴보세요. 그리고 경선과 위선도요. 특히 귤 가운데와 가장자리 부분을 잘 비교해 보기 바랍니다.

귤을 지구라고 생각하면서 사진을 찍어보니 더 근사한 아이디어가 떠오르네요. 감귤도 좋지만 지구본이 더 실감나지 않을까요? 집에 지구본이 없으면 학교에 가서 지구본을 찍어 봅시다. 우리나라가 중앙에 나오도록 한 번 찍고, 지구본을 180° 돌린 다음 다시 한 장 더 찍습니다. 그런 다음 컴퓨터에서 그 사진 2장을 하나로 붙이면 아주 재미나는 세계 지도가 됩니다. 지구본을 최대한 가까이서 찍어 보기도 하고, 화면에 지구본이 꽉 차도록 찍어 보기도 하면서 서로 비교해 보세요.

사진에 나타난 지구본의 경위선, 특히 지구본 가장자리에 있는 나라들을 주의 깊게 살펴보세요. 사진에 나타난 모양과 크기가 지구본을 직접 보는 것과 많이 다를 것입니다.

좀 엉뚱한 생각을 해볼까요? 지구가 둥글지 않고, 주사위 모양을 하고 있다면 세계 지도는 훨씬 간단하게 그릴 수 있습니다. 여섯 면을 각각 정면에서 그린 다음 모아 붙이면 되지요. 아마 다음 그림처럼 세계 지도가 만들어질 거예요. 마치 종이 상자를 뜯어서 펼친 것처럼 말입니다.

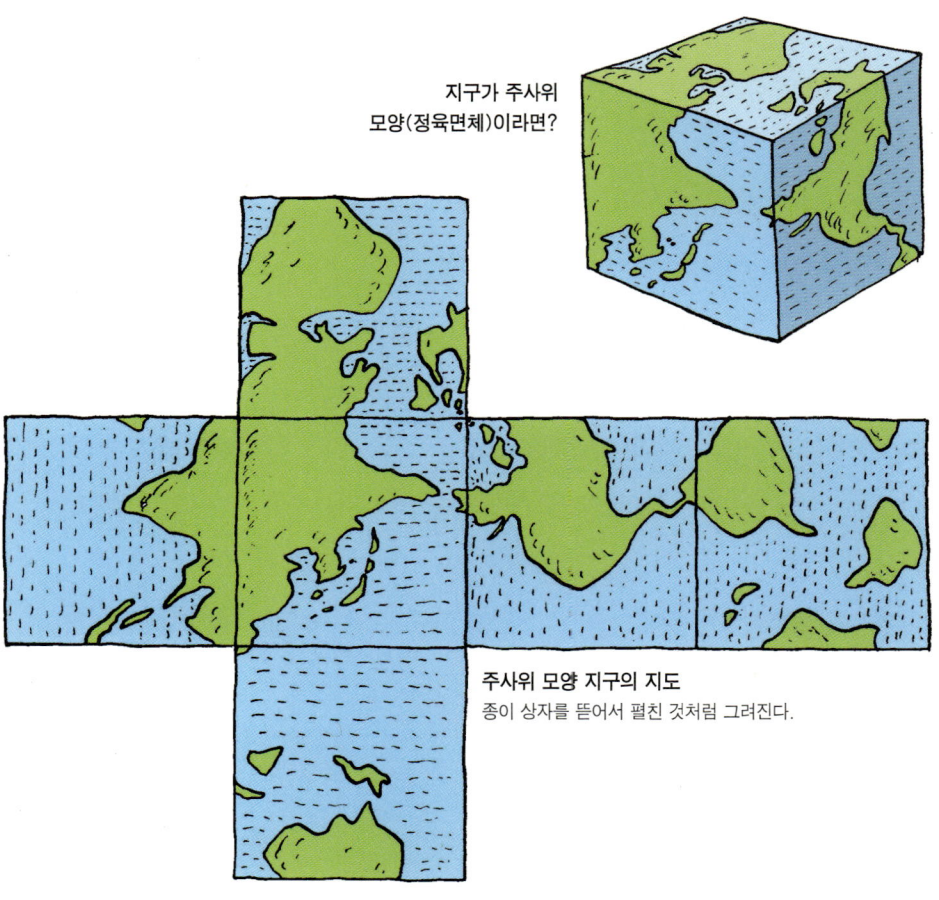

지구가 주사위 모양(정육면체)이라면?

주사위 모양 지구의 지도
종이 상자를 뜯어서 펼친 것처럼 그려진다.

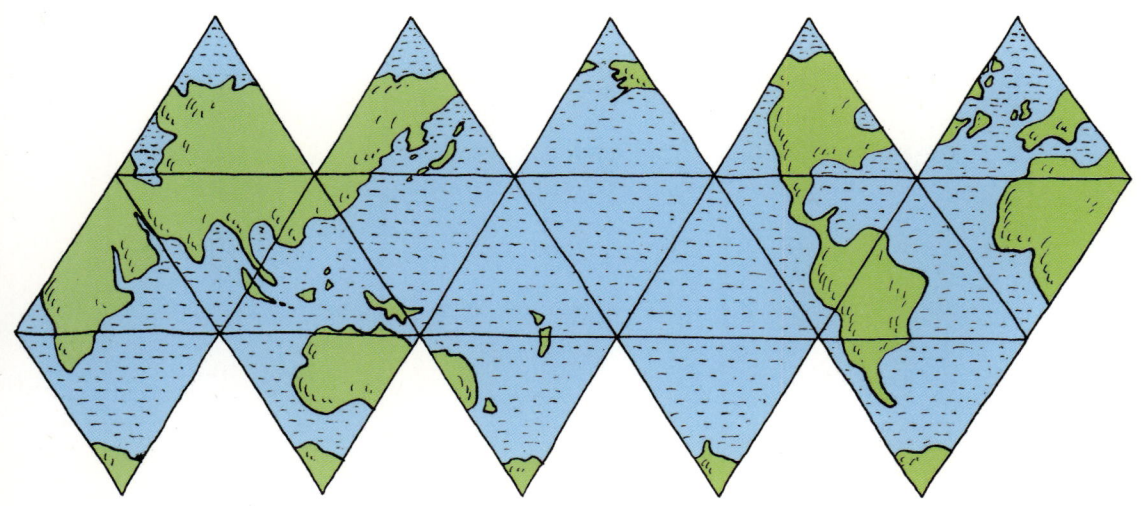

다면체(20면) 지구의 지도

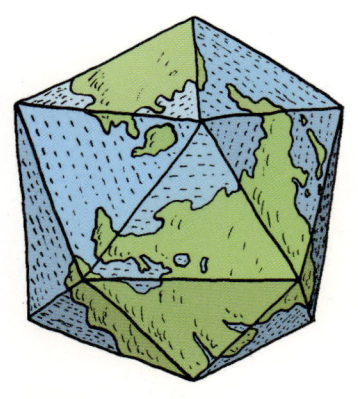

지구가 다면체(20면)라면?

지구가 육면체보다 좀 더 복잡한 다면체라면, 세계 지도의 위아래가 마치 톱니 모양으로 뾰족뾰족하게 갈라질 겁니다.

이처럼 지구 표면을 여러 개의 평면으로 나누어 지도 조각을 붙여 나가는 방법으로도 세계 지도를 그릴 수 있습니다. 모양은 좀 이상하지만 말입니다.

둥근 지구를 판판한 지도로!

이번엔 지구가 되었던 귤을 다시 가져오세요. 귤 껍질에 그려 넣었던 경선 8개는 모두 잘 있나요? 이제 그 선을 따라 칼로 귤 껍질을 자를 겁니다. 잘라낸 껍질은 순서대로 종이 위에 나란히 놓습니다.

그런데 귤 껍질 조각들이 종이 위에 고르게 잘 놓이질 않지요? 그 위에 신문지를 놓고 무거운 책을 올려 눌러 보세요. 그리고 다시 잘 펼쳐 놓고 보세요. 귤 조각이 가운데는 볼록하고 위아래는 뾰족하기 때문에 칼로

잘라 펼친 귤 지구

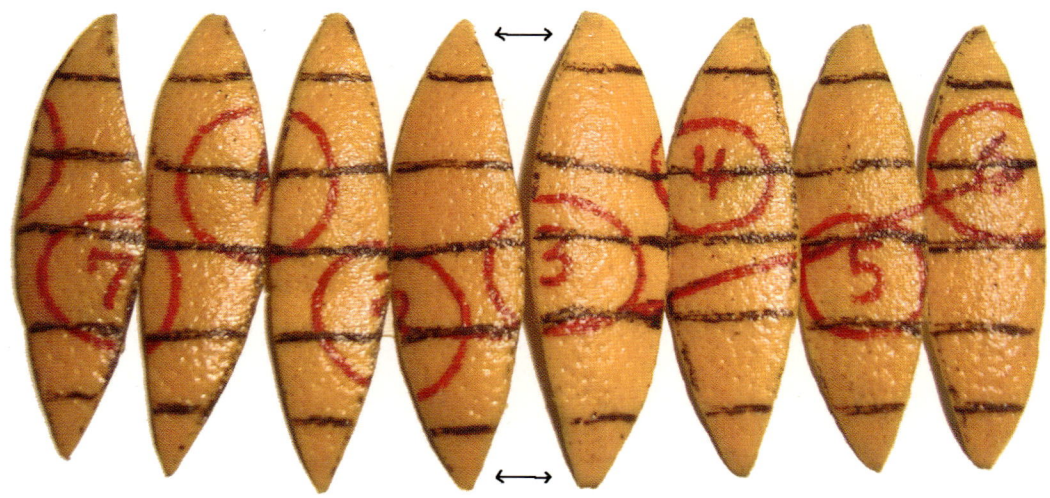

144

자른 선들이 서로 붙지 않는다는 것을 알 수 있습니다.

이처럼 귤같이 둥근 입체는 평평한 면에 제대로 펼치기가 어렵습니다. 또 '종이접기'를 해본 사람은 알고 있다시피, 종이를 접어서는 결코 완전하게 동그란 모양을 만들 수 없습니다. 마찬가지로 둥근 지구를 아무런 변형 없이 평면인 종이 위에 정확하게 표현할 수 없다는 거죠.

다시 귤 껍질 조각을 펼쳐 놓은 사진을 보세요. 처음 귤 껍질에 동그라미를 그릴 때는 분명히 동그랗게 그렸는데, 종이 위에 펼쳐 놓고 보면 어떤 동그라미는 칼로 잘려 틈새가 벌어져 있고 또 어떤 것은 모양이 약간 타원형으로 보이기도 합니다. 만약 칼로 자르기 쉬운 지구본을 귤 껍질처럼 잘라서 종이 위에 나란히 펼쳐 놓으면 어떤 모습일까요?

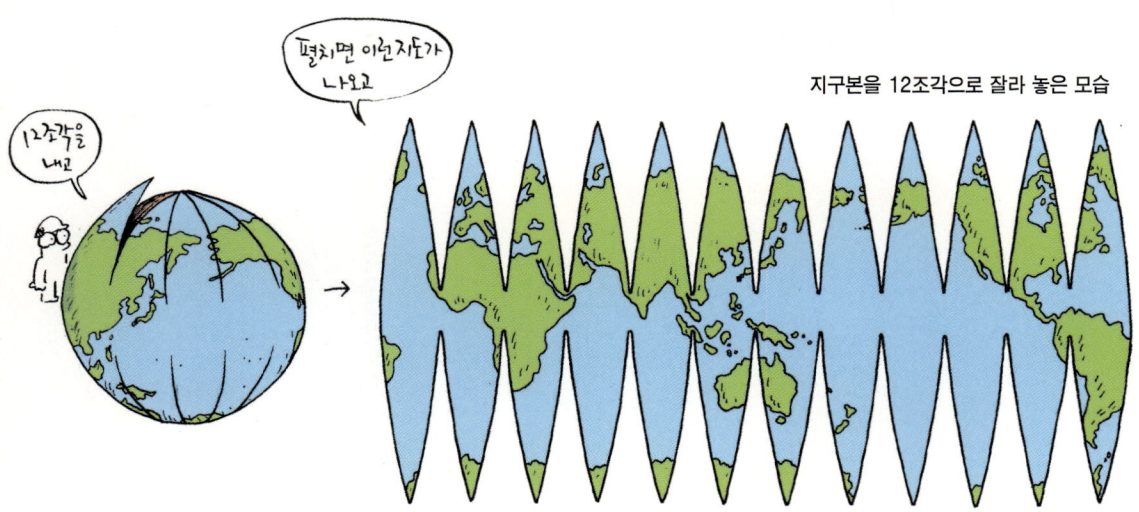

지구본을 12조각으로 잘라 놓은 모습

이런 세계 지도, 본 적 있지 않습니까? 적도에서 위아래로 갈수록 대륙 경계선이 이어져 있지 않고 틈새가 더 많이 벌어져 있네요. 그동안 자주 보아온 세계 지도에서는 경계선이 다 자연스럽게 이어져 있었는데, 그렇다면 어떻게 그런 지도가 만들어질 수 있는 것일까요?

바로 이 조각들을 펼쳐 놓고, 떨어져 있는 조각의 위아래 부분을 다른 조각과 만날 때까지 잡아 늘이는 겁니다. 그러면 우리가 흔히 보는 세계 지도가 만들어지죠. 북극이나 남극 쪽으로 갈수록 실제보다 점점 커지는 지도 말입니다.

위아래를 늘여서 끊어진 선이 이어지도록 만든 세계 지도

비행기로 지도를 만든다

땅속이나 바닷속, 사람이 가기 힘든 깊은 계곡 같은 장소는 어떻게 지도로 그릴 수 있을까요? 이럴 땐 사진기와 비행기가 해결사랍니다. 직접 사람이 걸어서 갈 수 없는 곳도 비행기를 타고 하늘에서 사진을 찍어 지도를 만들 수 있으니까요.

아무리 아비아누스의 삼각 측량법이 훌륭하다고 해도 지도에 표시할 건물이며 길이며 산이나 강 등을 일일이 측량하고 그리는 것보다 사진기 한 번 '찰칵' 누르면 일이 아주 간단해지죠. 이렇게 비행기에서 땅을 내려다보고 찍은 사진을 '항공 사진'이라고 합니다.

새 도로를 만들거나 바다를 메워 해안선이 달라졌을 때도 항공 사진을 찍으면 달라진 모습을 쉽게 지도에 그려 넣을 수 있습니다. 지도를 보는 대신 항공 사진을 봐도 되겠죠. 그래도 항공 사진이 지도 자리를 완전히 대신하지 못하는 이유가 있어요. 항공 사진은 지도보다 생생하게 보여 주기는 하지만, 산, 강, 도로나 동네 이름이 없기 때문에 불편하거든요. 대신 항공 사진을 이용하면 훨씬 쉽고 정확하게 지도를 만들 수 있지요.

우리나라에서 처음 만든 전국 지형도는 항공 사진 도움을 많이 받았어요. 우리나라는 1960년대 초에 비로소 1:50,000 축척으로 만든, 정밀한

147

지형도를 가지게 되었는데 군사용 지도를 수정 보완한 것이었죠. 그 군사용 지도는 미군들이 항공 사진 측량으로 만든 지도에서 도움을 많이 받았답니다. 그 후 우리는 항공 사진 측량 장비를 갖추고 전문 기술을 가진 사람들을 길러 1970년대 초 762장으로 이루어진 1:25,000 지형도를 드디어 완성하게 되었습니다.

    항공 사진 찍기는 땅 위에서 삼각 측량을 하는 것보다 매우 간단하지만 비행기와 관련 장비가 너무 비싸서 아무나 할 수 있는 일이 아닙니다. 그래서 우리나라 스스로 지도를 만들 수 있기까지 많은 시간이 걸린 것이죠. 새삼 지도도 부강한 나라만이 가질 수 있는 중요한 자원임을 느낍니다.

사진으로 입체 지도 만들기

그럼 항공 사진으로는 지도를 어떻게 만들까요? 간단한 놀이로 알아보겠습니다. 사람뿐만 아니라 동물은 대부분 눈이 2개입니다. 양쪽 눈은 서로 약간 떨어져 있기 때문에 각각 사물을 보는 각도가 다릅니다. 두 눈을 번갈아 가리며 가까이 있는 물체를 바라보면 금방 알 수 있죠. 양쪽 눈에 각도가 약간 다른 상이 각각 맺히면 뇌는 이를 해석하여 입체로 인식한답니다.

이 원리를 이용하면 간단하게 입체 사진을 제작할 수가 있습니다. 먼저 카메라 디지털 카메라가 편해요 를 준비하세요. 그런 다음 무엇을 찍을지 결정하고 찍습니다. 다음이 중요합니다. 사진을 찍고 바로 움직이지 말아야 해요. 한 번 찍고 나서 그대로 카메라를 수평으로 5~10cm가량 오른쪽으로 이동하여 다시 한 번 더 찰칵! 이것으로 준비 끝. 이제 이 사진들이 어떻게 입체로 보이는지 알아봅시다.

디지털 카메라로 찍었으면 출력하지 말고 모니터에 사진 2장을 나란히 띄워 두세요. 두 사진을 입체로 보려면 약간 노력이 필요합니다. 왼쪽 눈으로는 왼쪽 사진만 보고, 오른쪽 눈으로는 오른쪽 사진만 보도록 노력해 보세요. 우리가 잘 아는 '매직아이' 원리와 비슷하거든요.

5~10cm가량 이동하여 찍은 사진 2장

　잘 안 되면 양손 검지를 눈 앞에 들어 5cm가량 벌린 다음에 왼쪽 눈으로는 왼편 손가락을, 오른쪽 눈으로는 오른편 손가락을 보려고 노력합니다. 눈의 초점은 손가락보다 먼 어딘가에 맞추고 약간 멍하게 쳐다보면, 어느 순간 두 손가락이 서로 만나면서 하나처럼 보입니다. 손가락은 서로 떨어져 있는 채로 움직이지도 않는데, 두 눈으로 들어온 영상이 뇌에서 하나처럼 '해석'되는 것입니다.

　다음 그림으로 한 번 더 해볼까요? 왼쪽 눈으로는 왼쪽 빨간 막대를, 오른쪽 눈으로는 오른쪽 빨간 막대를 보면서, 눈의 초점이 책 뒤에 있는 듯이, 그리고 양 눈동자를 가운데로 모은다고 생각하면서 멍~하게 바라

보세요. 양쪽 막대가 서로 가까워지면서 가운데쯤에서 만나는 것처럼 보입니다.

그러다 가운데 빨간 막대가 회색 막대와 거리를 두고 있는 것처럼 입체적으로 보이기 시작합니다. 시야 좌우에도 막대가 보이면서 총 3쌍의 막대가 나타나는데, 가운데 막대에 정신을 집중하고 보면 입체가 점차 뚜렷해집니다.

이런 간단한 원리를 적용하여 항공 사진을 지도로 만드는 것입니다. 한 지역을 두 지점에서 각각 촬영하여 종이에 함께 인쇄하면 두 눈이 서로 다른 상을 보게 되어 입체적으로 보이게 되는 것이지요. 입체로 볼 수 있게 되면, 각 지점에서의 땅 높낮이를 알 수 있어 등고선도 그려 넣을 수 있게 됩니다.

인공위성, 지도를 '생중계' 하다

'얼마 전 큰 지진이 일어났던 파키스탄의 아이들은 지금 무엇을 하고 있을까? 하루에 축구장만 한 숲이 없어진다는 아마존 밀림이 오늘은 무사할까? 이번 태풍이 지나는 곳은 할머니가 사시는 곳에서 멀지 않은데 괜찮을까?'

갑자기 밀려드는 이런 궁금증은 어떻게 풀 수 있을까요? 물론 지도책을 봐도 답은 없습니다. 지도책이나 디지털 지도들은 모두 과거에 만들어진 것이라서 지금 이 순간에 벌어지는 일을 보여 줄 수는 없지요.

달라진 내용을 빠르게 알려 주는 건 종이 지도에 비해 항공 사진이 유리합니다. 어느 지역 태풍 피해가 얼마나 심한가를 알아보려면 곧바로 비행기를 띄워 피해 지역 사진을 찍을 수가 있습니다. 그런데 텔레비전 생중계 하듯이 지구 구석구석을 실시간으로 보여 주는, 움직이는 3D 지도가 있으면 참 좋겠다 싶습니다. 새 고속 도로를 만드는 현장 모습도 보고, 산불이 나면 불이 번지는 곳을 보면서 빠르게 불길을 잡을 수도 있고 말이죠.

그런 꿈의 지도가 바로 우리 곁에 있습니다. 인공위성이 일등 공신이지요. 인공위성은 비행기보다 훨씬 높은 하늘에서 지구를 바라보는 '눈' 입니다. 먼 하늘에 떠 있는 인공위성의 '눈'에 잡힌 영상을 땅에 있는 센터

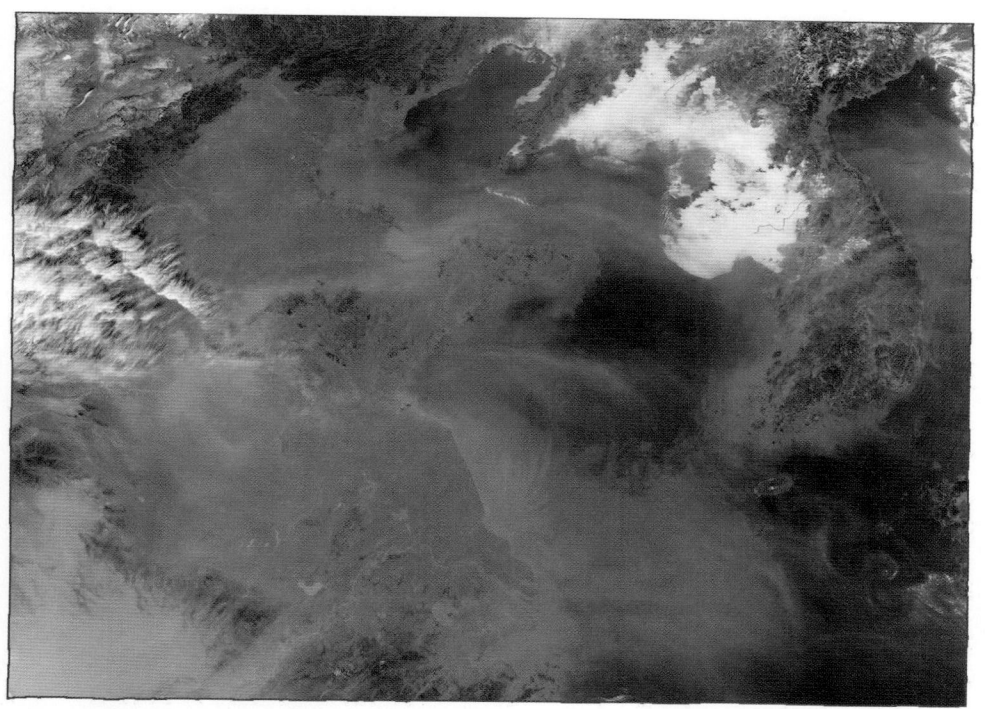

위성이 보내온 사진 중국에서 불어오는 황사 바람, 나사(NASA)

에서 받아 바로바로 지도로 만들고 있지요. 그 덕에 지구 곳곳에서 '지금' 일어나는 일을 생생하게 볼 수 있습니다.

그런데 인공위성 사진은 값이 비싸기 때문에 우리가 구해보기는 힘듭니다. 그리고 매우 정밀한 인공위성 사진은 '군사 기밀'이라서 아무에게나 공개하지 않죠. 그렇다고 너무 실망하지는 마세요. 우리가 볼 수 있는 인공위성 사진도 인터넷에 많이 있으니까요. 특히 '구글'이라는 곳에서는 인터넷으로 위성 사진을 무료로 볼 수 있답니다. 'earth.google.com' 사이트에

들어가면 다운 받아 볼 수 있습니다. 지구 모습이 실시간으로 변하지 않는다고요? 아쉽지만 시시각각 변하는 위성 지도를 보려면, 인공위성의 지상 센터에 있는 컴퓨터 앞에 앉아 있어야 합니다.

실은 우리가 있는 곳과 가고 싶은 곳을 지도로 보여 주고, 가는 방법까지 알려 주는 것도 인공위성이 잘 하는 일이죠. 내비게이션이 있는 자동차 앞 작은 모니터에는 자동차가 달리는 중에도 지도가 계속 움직이면서 현재 자동차가 있는 위치를 화살표로 알려 줍니다. 내비게이션은 마치 길을 잘 아는 조수처럼 운전자가 위험하게 화면을 보지 않고도 운전할 수 있게 도와주지요. "다음 사거리에서 좌회전입니다!"

내비게이션navigation은 배를 운항한다는 뜻을 가진 영어입니다. 내비게이션을 '항법 시스템'이라고도 부르는데, 배가 안전하게 항해하도록 돕기 위해 처음 만들어졌기 때문에 붙은 이름이죠. 생활에도 유용하다보니 기술이 놀라운 속도로 발전하여 우리 자동차에까지 달게 된 것입니다. 요즘에는 내비게이션 기능이 있는 휴대전화도 나왔는데 마치 길을 안내하는 '램프의 요정, 지니' 같죠.

아직도 미지의 세계는 남아 있다

인간은 잘 모르거나 알려지지 않은 미지, 未아닐 미 知알 지 세계에 대한 호기심에서 여행을 합니다. 또는 어딘가 있을지도 모를 보물섬이나 살기 좋은 땅 파라다이스을 찾아 모험을 하기도 하죠. 바로 이런 일들을 벌이면서 지도가 만들어지고 세계에 대한 지리적 지식도 생겨난 것이랍니다.

　다른 사람들이 이미 세상을 다 발견했기 때문에 우리는 더 이상 탐험을 할 필요가 없다고요? 미지의 땅은 이제 정말 없는 것일까요? 그런데 탐험으로 몰랐던 세계가 알려지면 이상하게도 이전에는 전혀 생각하지 못했던 또 다른 미지의 세계가 생겨나곤 했답니다.

　동쪽에 있다는 보물섬을 찾아 떠났던 서양 사람들은 아메리카를 발견했고, 사람이 갈 수 없다고 생각한 남극도 알려졌습니다. 더 이상 발견할 땅이 없다고 생각했을 때 신비로운 바닷속 세상을 떠올렸지요. 그 후 달에도 가보고 목성을 관찰하기도 하고, 화성에 혹시 화성인이 없을까 궁금해했죠. 이렇게 끊임없이 새로운 장소를 찾아 나서는 인간의 역사는 탐험사인 동시에 미개척지에 대한 도전사라고도 할 수 있습니다.

　지도는 미지의 세계를 탐험해 온 인간들에게 좋은 길잡이였고, 그 탐험의 성과가 알알이 박혀 있는 결과물입니다. 세상 모든 땅과 바다를 구석구석

다닌 사람들 덕에 우리는 거의 완벽한 세계 지도를 갖게 되었지요. 많은 사람들이 탐험을 거듭할수록 지도의 윤곽선은 점점 더 또렷해졌습니다.

지구에 대한 일반적인 지식이 어느 정도 쌓인 다음부터 지도는 좀더 전문적인 분야로 관심을 돌립니다. 육지 표면이 아니라 저 깊은 땅속에 대해 관심을 갖기 시작한 거죠. 석탄이나 철광석, 석유, 금, 은, 구리, 다이아몬드 등 지하자원이 우리 생활에서 중요해지면서 땅속 세계는 더욱 궁금해질 수밖에 없었던 것입니다. 땅속을 그린 지도 이름은 '지질도' 입니다. 지질도 제작의 아버지라고 불리는 윌리엄 스미스는 끈질기게 답사와 연구를 거듭한 끝에 1815년 영국 지질도를 만들었답니다. 이에 자극을 받은 다른 과학자들도 자기 나라 지질도를 제작하기 시작했지요.

인간이 잘 모르는 곳은 바다 밑에도 있었습니다. 이번엔 바다 밑을 지도로 만들기 시작했지요. 육지 자원을 너무 써버려 바닥이 나자 바다

자원에 관심을 갖기 시작한 거죠. 바다 탐험은 아무래도 비싼 장비들이 많이 필요하기 때문에 선진국이 중심이 되었습니다. 바다 자원을 먼저 발견해 이용하려고 해저 지도를 비롯하여 해류 흐름도, 수온 분포도, 어류 자원 분포도 등 각종 바다 관련 지도 제작에 힘쓰고 있지요.

바다 지도를 다 완성하고 나면, 인간은 또 어떤 지도를 만들기 시작할까요? 달나라 지도? 화성 지도? 사람 마음 속 지도?

여러분은 어떤 지도를 만들어 보고 싶은가요?

찾아보기

ㄱ
경도 101, 106~118, 119, 121
경도 측정 107, 113
경도법 107, 113
경도심사국 113, 114
경선 10, 108, 116, 118, 131~135, 140
구드 도법 136
그리니치 118
기호 15, 26, 29~32, 66, 67, 128
김정호 56~62, 67~68

ㄴ
날짜 변경선 119~122
내비게이션 154

ㄷ
대동여지도 56, 60, 62~66, 67, 68
대동여지도 목판 64
동국지도 62
등고선 15, 30, 98

ㄹ
류후이 86~88
리향견문록 59

ㅁ
메르카토르 133
메르카토르 도법 131, 135

ㅂ
바빌로니아 점토판 지도 40, 41
방위 34
범례 10, 26, 29, 31, 32
북극성 105

ㅅ
산해경 42, 43
삼각 측량 92, 93, 94
시간대 77, 119, 122, 124~126
시에너 76~79, 80~81
심사 도법 135

ㅇ

아리스토텔레스　73
아비아누스　89~92
알렉산드리아　78, 80, 81
에라토스테네스　76~84
에라토스테네스의 세계 지도　85
엡스토르프 지도　49~51
월식　73, 74
위도　101~105, 116, 131, 133
위선　10, 131~135, 140, 141
인공위성　68, 73, 103, 152~154

ㅈ

적도　82, 94, 95, 116, 131
조선어독본　56, 57
조선전도　62, 63
존 해리슨　110~115
지도책　25~28, 29
지도표　66
지오그래피　84
지지　58
지질도　156
지피에스(GPS)　103
지하철 노선도　21~24

ㅊ

차탈회위크 벽화　41
천하도　42~44
청구도　60
축척　70, 94, 96, 147

ㅋ

카나리 제도　117~118
카시니　93~96
코스마스　46
키리바시　122~123

ㅍ

표준시　124~126
표지물　101
프리시우스　108, 110
프톨레마이오스　34, 83, 117~118

ㅎ

항공 사진　147~148, 151, 152
해상시계　113~115, 118
해저 지도　157
혼일강리역대국도지도　53~55